★印のデータは、日本新聞協会のウェブサイ
（https://www.pressnet.or.jp/）に調査結[果]
（専用サイトへのリンクを張っている場合もあ[る]
い数値に更新していますので、併せてご利用く[ださい]

JN061217

日本の新聞社マップ

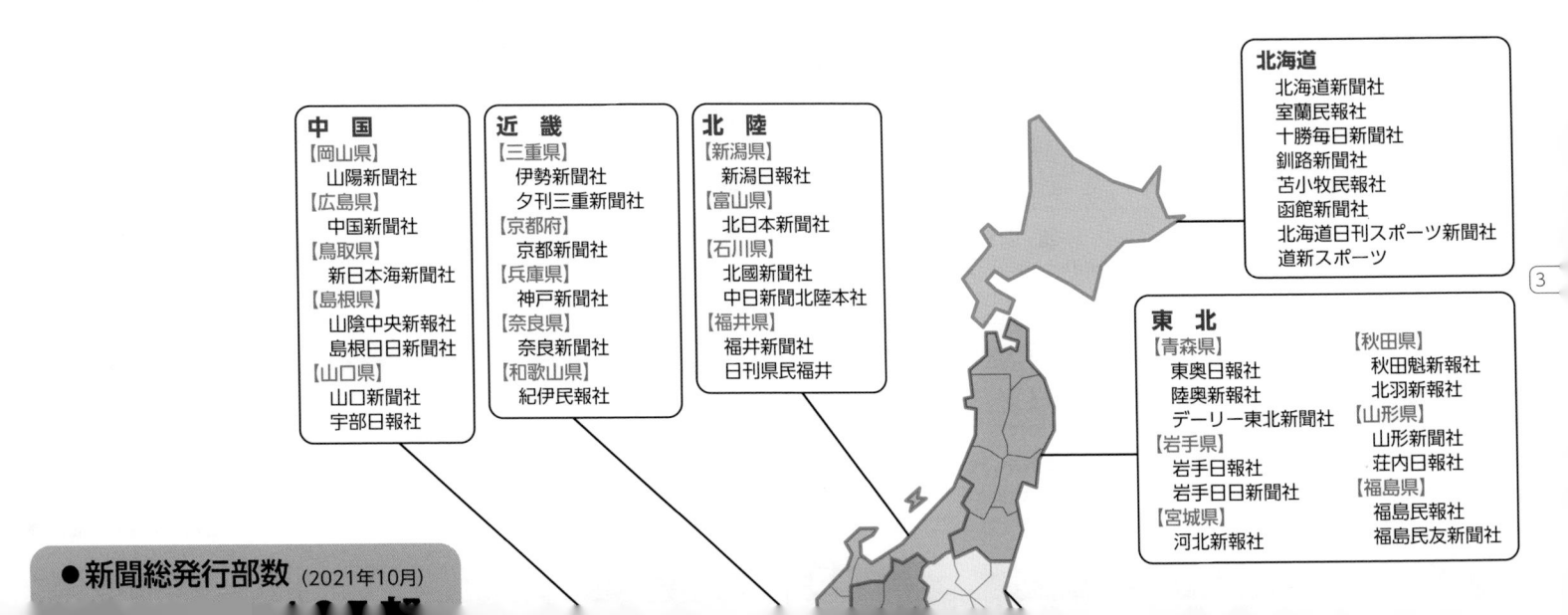

北海道
- 北海道新聞社
- 室蘭民報社
- 十勝毎日新聞社
- 釧路新聞社
- 苫小牧民報社
- 函館新聞社
- 北海道日刊スポーツ新聞社
- 道新スポーツ

中　国
- 【岡山県】
  - 山陽新聞社
- 【広島県】
  - 中国新聞社
- 【鳥取県】
  - 新日本海新聞社
- 【島根県】
  - 山陰中央新報社
  - 島根日日新聞社
- 【山口県】
  - 山口新聞社
  - 宇部日報社

近　畿
- 【三重県】
  - 伊勢新聞社
  - 夕刊三重新聞社
- 【京都府】
  - 京都新聞社
- 【兵庫県】
  - 神戸新聞社
- 【奈良県】
  - 奈良新聞社
- 【和歌山県】
  - 紀伊民報社

北　陸
- 【新潟県】
  - 新潟日報社
- 【富山県】
  - 北日本新聞社
- 【石川県】
  - 北國新聞社
  - 中日新聞北陸本社
- 【福井県】
  - 福井新聞社
  - 日刊県民福井

東　北
- 【青森県】
  - 東奥日報社
  - 陸奥新報社
  - デーリー東北新聞社
- 【岩手県】
  - 岩手日報社
  - 岩手日日新聞社
- 【宮城県】
  - 河北新報社
- 【秋田県】
  - 秋田魁新報社
  - 北羽新報社
- 【山形県】
  - 山形新聞社
  - 荘内日報社
- 【福島県】
  - 福島民報社
  - 福島民友新聞社

●新聞総発行部数 （2021年10月）

【福岡県】
　西日本新聞社
　朝日新聞西部本社
　毎日新聞西部本社
　読売新聞西部本社
【佐賀県】
　佐賀新聞社
【長崎県】
　長崎新聞社
【熊本県】
　熊本日日新聞社
【大分県】
　大分合同新聞社
【宮崎県】
　宮崎日日新聞社
　夕刊デイリー新聞社
【鹿児島県】
　南日本新聞社
　南海日日新聞社(奄美大島)
【沖縄県】
　沖縄タイムス社
　琉球新報社
　八重山毎日新聞(石垣島)
　宮古毎日新聞社(宮古島)

四　国
【徳島県】
　徳島新聞社
【香川県】
　四国新聞社
【愛媛県】
　愛媛新聞社
【高知県】
　高知新聞社

大　阪
　朝日新聞大阪本社
　毎日新聞大阪本社
　読売新聞大阪本社
　日本経済新聞大阪本社
　産経新聞大阪本社
　日刊スポーツ新聞西日本

中　部
【山梨県】
　山梨日日新聞社
【静岡県】
　静岡新聞社
【長野県】
　信濃毎日新聞社
　長野日報社
　南信州新聞社
　市民タイムス
【愛知県】
　中日新聞社
　中部経済新聞社
　東愛知新聞社
【岐阜県】
　岐阜新聞社

東　京
　朝日新聞東京本社　　　報知新聞社
　毎日新聞東京本社　　　日刊工業新聞社
　読売新聞東京本社　　　日刊スポーツ新聞社
　日本経済新聞　　　　　スポーツニッポン新聞社
　東京新聞　　　　　　　東京スポーツ新聞社
　産経新聞東京本社　　　電波新聞社
　サンケイスポーツ　　　水産経済新聞社
　夕刊フジ　　　　　　　日本農業新聞
　ジャパンタイムズ

関　東
【茨城県】　　　　　【埼玉県】
　茨城新聞社　　　　　埼玉新聞社
【栃木県】　　　　　【神奈川県】
　下野新聞社　　　　　神奈川新聞社
【群馬県】　　　　　【千葉県】
　上毛新聞社　　　　　千葉日報社

4

2022年4月1日現在、日本新聞協会に加盟している新聞社（新聞協会にはこのほか通信社・放送社も加盟しています）

日刊紙の都道府県別発行部数と普及度

都道府県	発　行　部　数				普　及　度	
	計	セット	朝刊	夕刊	1部あたり人口	1世帯あたり部数
全国	33,027,135	6,484,982	25,914,024	628,129	3.75	0.57
東京	3,247,198	1,255,523	1,837,238	154,437	4.09	0.46
大阪	2,347,123	1,154,488	1,131,292	61,343	3.66	0.55
北海道	1,498,639	354,546	1,019,678	124,415	3.46	0.54
青森	385,929	40	385,567	322	3.25	0.65
岩手	316,889	19	316,515	355	3.83	0.60
宮城	550,875	34,499	515,090	1,286	4.10	0.55
秋田	304,934	7	304,440	487	3.17	0.72
山形	331,895	11	331,407	477	3.20	0.80
福島	549,625	9	549,165	451	3.36	0.70
茨城	823,982	19,704	802,897	1,381	3.44	0.67
栃木	572,054	4,061	566,339	1,654	3.34	0.69
群馬	635,824	2,861	620,350	12,613	2.98	0.77
埼玉	1,783,121	293,604	1,481,307	8,210	4.04	0.54
千葉	1,490,419	348,286	1,131,920	10,213	4.13	0.52
神奈川	2,127,157	680,510	1,415,618	31,029	4.23	0.49
新潟	605,408	30,761	571,848	2,799	3.63	0.67
富山	358,769	1,583	354,492	2,694	2.87	0.86
石川	402,462	50,541	350,394	1,527	2.78	0.04
福井	242,888	2	240,694	2,192	3.12	0.84
山梨	257,547	784	256,100	663	3.12	0.72
長野	706,306	24,527	679,240	2,539	2.88	0.82

《新聞の定価》

　日刊新聞は全国一律の定価販売が認められています。いろいろな新聞があることで、国民の誰もが日々の生活に欠かせない社会・経済・政治などの情報を平等に入手できる環境を整備するためです。

滋賀	376,466	30,892	344,305	1,269	3.68	0.65
三重	486,815	32,754	439,149	14,912	3.59	0.63
京都	709,379	279,992	417,421	11,966	3.48	0.59
奈良	432,676	178,009	252,937	1,730	3.08	0.73
和歌山	275,798	41,305	200,808	33,685	3.40	0.63
兵庫	1,460,066	524,254	919,729	16,083	3.71	0.58
鳥取	194,253	1	193,456	796	2.84	0.82
岡山	477,427	6	475,638	1,783	3.90	0.57
広島	757,738	5	756,918	815	3.64	0.59
島根	251,274	0	251,025	249	2.64	0.87
山口	431,393	5,130	379,708	46,555	3.10	0.66
徳島	228,047	0	227,368	679	3.19	0.69
香川	274,746	0	273,719	1,027	3.49	0.63
愛媛	332,530	1	331,724	805	4.04	0.51
高知	176,638	3	176,199	436	3.94	0.51
福岡	1,127,855	157,427	968,406	2,022	4.47	0.47
佐賀	201,577	167	201,388	22	4.02	0.60
長崎	308,757	1	308,742	14	4.30	0.49
熊本	340,182	85	340,078	19	5.12	0.44
大分	286,724	134	286,584	6	3.94	0.54
宮崎	280,926	0	244,632	36,294	3.84	0.54
鹿児島	322,604	6	322,588	10	4.98	0.40
沖縄	319,267	1,392	317,863	12	4.59	0.48
海外	5,537	522	5,006	9	0.00	0.00

朝夕刊セットを1部として計算
対象は113紙。発行形態別の内訳はセット紙29、朝刊単独紙73、夕刊単独紙11（セット紙は朝夕刊セットで発行されている新聞）
人口および世帯数は2021年1月1日現在の住民基本台帳による

新聞協会経営業務部「日刊紙の都道府県別発行部数と普及度」(2021年10月)より

新聞の発行部数と世帯数

	発行部数合計	発行形態別			種類別		世帯数	1世帯当たり部数
		セット部数	朝刊単独部数	夕刊単独部数	一般紙	スポーツ紙		
2011年	48,345,304	13,235,658	33,975,622	1,134,024	44,091,335	4,253,969	53,549,522	0.90
12	47,777,913	12,876,612	33,827,147	1,074,154	43,723,161	4,054,752	54,171,475	0.88
13	46,999,468	12,396,510	33,552,159	1,050,799	43,126,352	3,873,116	54,594,744	0.86
14	45,362,672	11,356,360	32,979,682	1,026,630	41,687,125	3,675,547	54,952,108	0.83
15	44,246,688	10,874,446	32,365,532	1,006,710	40,691,869	3,554,819	55,364,197	0.80
16	43,276,147	10,413,426	31,889,399	973,322	39,821,106	3,455,041	55,811,969	0.78
17	42,128,189	9,700,510	31,487,725	939,954	38,763,641	3,364,548	56,221,568	0.75
18	39,901,576	9,025,146	29,993,652	882,778	36,823,021	3,078,555	56,613,999	0.70
19	37,811,248	8,422,099	28,554,249	834,900	34,877,964	2,933,284	56,996,515	0.66
20	35,091,944	7,252,724	27,064,065	775,155	32,454,796	2,637,148	57,380,526	0.61
21	33,027,135	6,484,982	25,914,024	628,129	30,657,153	2,369,982	57,849,163	0.57

朝夕刊セットを1部として計算。セット紙を朝・夕刊別に数えた場合、2021年の総発行部数は39,512,117部。対象は113紙
世帯数は2014年から1月1日現在、13年までは3月31日現在の住民基本台帳による

新聞協会経営業務部「日刊紙の都道府県別発行部数と普及度」（毎年10月）より

▶発行形態（2011年／2021年比較）

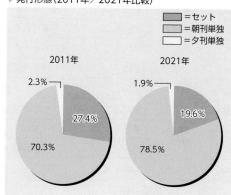

=セット
=朝刊単独
=夕刊単独

2011年

2011年
2.3%
27.4%
70.3%

2021年
1.9%
19.6%
78.5%

四捨五入のため、構成比率の合計は100.0にならない場合がある

▶一般紙、スポーツ紙の割合（2011年／2021年比較）

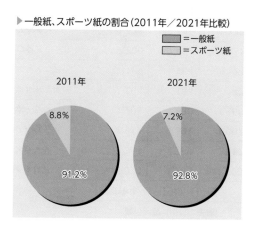

=一般紙
=スポーツ紙

2011年
8.8%
91.2%

2021年
7.2%
92.8%

▶戸別配達率（2011年／2021年比較）

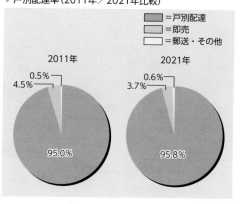

=戸別配達
=即売
=郵送・その他

2011年
0.5%
4.5%
95.0%

2021年
0.6%
3.7%
95.8%

世界主要国・地域の有料日刊紙の発行部数

地域・国名	発行部数（単位：千部）		
	2018年	19年	20年
【欧州】			
オーストリア	2,312	2,147	1,714
ベルギー	1,268	1,216	1,012
チェコ	977	932	778
デンマーク	613	585	482
フィンランド	1,020	906	682
フランス	4,982	4,689	3,793
ドイツ	19,024	18,376	15,504
ギリシャ	718	659	518
ハンガリー	955	916	767
アイルランド	410	378	299

地域・国名	発行部数（単位：千部）		
	2018年	19年	20年
イタリア	2,030	1,746	1,700
オランダ	2,384	2,269	2,017
ノルウェー	1,512	1,391	1,097
ポーランド	1,706	1,630	1,360
ポルトガル	204	184	142
ルーマニア	187	164	124
ロシア	7,300	7,002	5,051
スペイン	1,676	1,546	1,139
スウェーデン	1,655	1,501	1,162
スイス	2,223	2,079	1,675
イギリス	8,864	8,274	6,656

地域・国名	発行部数（単位：千部）		
	2018年	19年	20年
【北米】			
カナダ	4,133	3,868	3,149
アメリカ	35,668	33,958	28,262
【中南米】			
アルゼンチン	1,083	1,018	821
ブラジル	7,940	7,783	6,240
チリ	501	476	389
コロンビア	1,060	1,025	858
メキシコ	7,155	7,140	6,215
ペルー	1,955	1,955	1,709

地域・国名	発行部数（単位：千部）		
	2018年	19年	20年
【アジア】			
中国	158,497	162,191	146,630
香港	3,853	3,708	3,105
インド	144,242	146,147	129,803
インドネシア	5,964	5,745	4,598
マレーシア	2,273	2,168	1,793
パキスタン	6,866	6,889	6,080
フィリピン	3,497	3,425	2,925
シンガポール	665	602	468
韓国	7,781	7,229	5,818
台湾	3,374	3,301	2,819

地域・国名	発行部数（単位：千部）		
	2018年	19年	20年
タイ	7,817	7,814	6,800
ベトナム	4,438	4,427	3,866
【オセアニア】			
オーストラリア	1,083	943	697
ニュージーランド	302	266	201
【中東】			
エジプト	4,713	4,739	4,330
イスラエル	710	675	561
サウジアラビア	2,143	2,130	1,905
トルコ	4,835	4,781	4,153
アラブ首長国連邦	870	854	755

地域・国名	発行部数（単位：千部）		
	2018年	19年	20年
【アフリカ】			
ケニア	207	210	193
ナイジェリア	496	498	452
南アフリカ	1,046	947	740

世界ニュース発行者協会（WAN-IFRA）が外部委託した部数調査に基づく。電子版は含まない
「データブック 日本の新聞 2021」に掲載した世界の日刊紙の発行部数データとは、調査方法が異なる

総広告費と媒体別広告費

（単位：億円、％）

広告費\n\n年	総広告費		新聞		雑誌		ラジオ		テレビメディア				インターネット広告				プロモーションメディア広告	
									地上波テレビ		衛星メディア関連				うち新聞デジタル			
	広告費	前年比	広告費	前年比	広告費	前年比	広告費	前年比	広告費	前年比	広告費	前年比	広告費	前年比	広告費	前年比	広告費	前年比
2012年	58,913	103.2	6,242	104.2	2,551	100.4	1,246	99.9	17,757	103.0	1,013	113.7	8,680	107.7	—	—	21,424	101.4
13	59,762	101.4	6,170	98.8	2,499	98.0	1,243	99.8	17,913	100.9	1,110	109.6	9,381	108.1	—	—	21,446	100.1
14	61,522	102.9	6,057	98.2	2,500	100.0	1,272	102.3	18,347	102.4	1,217	109.6	10,519	112.1	—	—	21,610	100.8
15	61,710	100.3	5,679	93.8	2,443	97.7	1,254	98.6	18,088	98.6	1,235	101.5	11,594	110.2	—	—	21,417	99.1
16	62,880	101.9	5,431	95.6	2,223	91.0	1,285	102.5	18,374	101.6	1,283	103.9	13,100	113.0	—	—	21,184	98.9
17	63,907	101.6	5,147	94.8	2,023	91.0	1,290	100.4	18,178	98.9	1,300	101.3	15,094	115.2	—	—	20,875	98.5
18	65,300	102.2	4,784	92.9	1,841	91.0	1,278	99.1	17,848	98.2	1,275	98.1	17,589	116.5	132	—	20,685	99.1
19	69,381	106.2	4,547	95.0	1,675	91.0	1,260	98.6	17,345	97.2	1,267	99.4	21,048	119.7	146	110.6	22,239	107.5
20	61,594	88.8	3,688	81.1	1,223	73.0	1,066	84.6	15,386	88.7	1,173	92.6	22,290	105.9	173	118.5	16,768	75.4
21	67,998	110.4	3,815	103.4	1,224	100.1	1,106	103.8	17,184	111.7	1,209	103.1	27,052	121.4	213	123.1	16,408	97.9

2018年からインターネット広告のうち、マスコミ４媒体事業者などが主体となって提供するインターネットメディア・サービスにおける広告費を算出している。上表ではインターネット広告費の内訳として「新聞デジタル」のみ記載した
プロモーションメディアは「屋外」「交通」「折込」「DM（ダイレクト・メール）」「フリーペーパー」「POP」「イベント・展示・映像ほか」から成る

電通「日本の広告費」より

媒体別広告費の構成比

(単位：%)

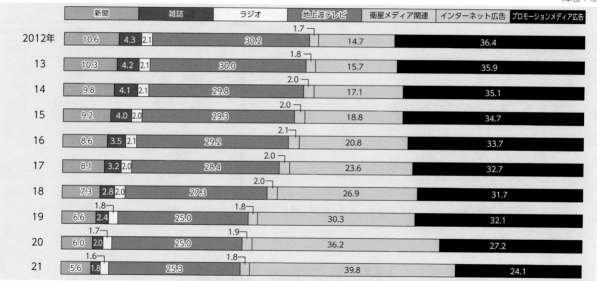

凡例：新聞　雑誌　ラジオ　地上波テレビ　衛星メディア関連　インターネット広告　プロモーションメディア広告

年	新聞	雑誌	ラジオ	地上波テレビ	衛星メディア関連	インターネット広告	プロモーションメディア広告
2012年	10.6	4.3	2.1	30.2	1.7	14.7	36.4
13	10.3	4.2	2.1	30.0	1.8	15.7	35.9
14	9.8	4.1	2.1	29.8	2.0	17.1	35.1
15	9.2	4.0	2.0	29.3	2.0	18.8	34.7
16	8.6	3.5	2.1	29.2	2.1	20.8	33.7
17	8.1	3.2	2.0	28.4	2.0	23.6	32.7
18	7.3	2.8	2.0	27.3	2.0	26.9	31.7
19	6.6	2.4	1.8	25.0	1.8	30.3	32.1
20	6.0	2.0	1.7	25.0	1.9	36.2	27.2
21	5.6	1.8	1.6	25.3	1.8	39.8	24.1

電通「日本の広告費」より

新聞広告量と広告費

	新聞総広告量（段）	前年比（%）	新聞広告費（億円）	前年比（%）	総広告費（億円）	名目国内総生産〔GDP〕（億円）
2012年	5,282,957	105.4	6,242	104.2	58,913	5,004,747
13	5,336,059	101.0	6,170	98.8	59,762	5,087,006
14	5,345,303	100.2	6,057	98.2	61,522	5,188,110
15	5,228,995	98.0	5,679	93.8	61,710	5,380,323
16	5,134,839	98.2	5,431	95.6	62,880	5,443,646
17	5,047,941	98.0	5,147	94.8	63,907	5,530,730
18	4,866,917	96.4	4,784	92.9	65,300	5,562,938
19	4,702,027	96.6	4,547	95.0	69,381	5,584,912
20	4,397,811	93.5	3,688	81.1	61,594	5,381,554
21	4,395,376	99.9	3,815	103.4	67,998	5,422,897

広告量の前年比は当該年と前年の共通媒体のみで再集計して算出
GDP は内閣府「国民経済計算確報」および「四半期別GDP 速報」による。いずれも暦年の数字

電通「日本の広告費」、「電通広告統計」をもとに作成

業種別・媒体別広告費（2021年）

（単位：千万円、%）

業種 \ 媒体	新聞 広告費	構成比	前年比	雑誌 広告費	構成比	前年比	ラジオ 広告費	構成比	前年比	地上波テレビ 広告費	構成比	前年比	4媒体合計 広告費	構成比	前年比
1.エネルギー・素材・機械	410	1.1	93.0	97	0.8	106.6	232	2.1	93.2	2,489	1.5	87.1	3,228	1.4	88.7
2.食品	4,638	12.2	102.0	828	6.8	99.6	979	8.8	89.6	15,525	9.0	97.4	21,970	9.4	98.1
3.飲料・嗜好品	1,202	3.1	103.8	473	3.9	97.5	443	4.0	126.9	16,722	9.7	121.7	18,840	8.1	119.7
4.薬品・医療用品	1,863	4.9	113.1	283	2.3	100.7	881	8.0	115.9	10,836	6.3	99.4	13,863	5.9	102.0
5.化粧品・トイレタリー	2,214	5.8	112.0	1,502	12.3	91.2	450	4.1	132.4	18,358	10.7	105.4	22,524	9.7	105.3
6.ファッション・アクセサリー	781	2.0	116.9	2,474	20.2	88.5	40	0.4	111.1	1,918	1.1	103.3	5,213	2.2	97.3
7.精密機器・事務用品	234	0.6	100.0	573	4.7	108.1	47	0.4	73.4	911	0.5	154.9	1,765	0.8	124.6
8.家電・AV機器	190	0.5	113.1	501	4.1	124.3	108	1.0	122.7	3,844	2.2	118.8	4,643	2.0	119.2
9.自動車・関連品	452	1.2	86.6	423	3.5	103.2	813	7.3	97.4	8,001	4.7	87.4	9,689	4.2	88.7
10.家庭用品	755	2.0	98.1	430	3.5	114.4	196	1.8	113.3	5,652	3.3	119.9	7,033	3.0	116.6
11.趣味・スポーツ用品	710	1.9	97.9	699	5.7	103.4	232	2.1	98.3	5,135	3.0	119.1	6,776	2.9	113.9
12.不動産・住宅設備	1,635	4.3	100.0	420	3.4	94.8	550	5.0	101.9	8,651	5.0	119.8	11,256	4.8	114.4
13.出版	3,986	10.4	102.4	137	1.1	116.1	275	2.5	88.4	1,968	1.1	139.4	6,366	2.7	111.1
14.情報・通信	2,607	6.8	96.3	637	5.2	115.8	1,176	10.6	112.9	28,283	16.5	135.1	32,703	14.0	129.6
15.流通・小売業	5,917	15.5	107.8	527	4.3	103.3	585	5.3	112.3	7,912	4.6	101.7	14,941	6.4	104.5
16.金融・保険	1,283	3.4	111.9	335	2.7	113.6	625	5.6	97.4	12,912	7.5	117.7	15,155	6.5	116.1
17.交通・レジャー	3,890	10.2	100.3	803	6.6	99.1	747	6.8	94.3	5,244	3.1	101.6	10,684	4.6	100.4
18.外食・各種サービス	1,362	3.6	103.0	321	2.6	116.7	1,587	14.3	110.1	10,585	6.2	113.6	13,855	5.9	112.1
19.官公庁・団体	1,249	3.3	114.2	231	1.9	113.2	686	6.2	94.2	1,949	1.1	90.9	4,115	1.8	98.7
20.教育・医療サービス・宗教	1,315	3.4	98.4	483	3.9	106.6	352	3.2	100.0	3,464	2.0	106.3	5,614	2.4	104.0
21.案内・その他	1,457	3.8	95.4	63	0.5	137.0	56	0.5	83.6	1,481	0.9	159.8	3,057	1.3	119.1
合計	38,150	100.0	103.4	12,240	100.0	100.1	11,060	100.0	103.8	171,840	100.0	111.7	233,290	100.0	109.2

衛星メディア関連は除く

電通「2021年 日本の広告費」より

財　務

新聞社の総売上高（推計）と構成比

▶新聞社総売上高と構成比の推移　　　　　　　　　　　　　　　　（単位：億円、%）

	総売上高		販売収入			広告収入			その他収入		
		前年比		前年比	構成比		前年比	構成比		前年比	構成比
2010年度	19,375	−3.2	11,841	−2.0	61.1	4,505	−5.9	23.3	3,029	−3.9	15.6
11	19,534	0.8	11,642	−1.7	59.6	4,405	−2.2	22.6	3,487	15.1	17.9
12	19,156	−1.9	11,519	−1.1	60.1	4,458	1.2	23.3	3,178	−8.9	16.6
13	19,000	−0.8	11,309	−1.8	59.5	4,417	−0.9	23.2	3,274	3.0	17.2
14	18,261	−3.9	10,762	−4.8	58.9	4,186	−5.2	22.9	3,313	1.2	18.1
15	17,906	−1.9	10,466	−2.8	58.4	3,984	−4.8	22.2	3,455	4.3	19.3
16	17,678	−1.3	10,209	−2.5	57.7	3,801	−4.6	21.5	3,668	6.2	20.7
17	17,119	−3.2	9,897	−3.1	57.8	3,549	−6.6	20.7	3,673	0.1	21.5
18	16,625	−2.9	9,502	−4.0	57.2	3,308	−6.8	19.9	3,815	3.9	22.9
19	16,524	−0.6	9,179	−3.4	55.5	3,092	−6.5	18.7	4,253	11.5	25.7
20	14,827	−10.3	8,620	−6.1	58.1	2,546	−17.7	17.2	3,661	−13.9	24.7

新聞協会加盟新聞社の合計（推計）。年によって社数は異なる。2020年度は89社

▶収入構成比の変化

■ ＝販売収入
■ ＝広告収入
□ ＝その他収入

2010年度
15.6%
23.3%
61.1%

2020年度
24.7%
17.2%
58.1%

▶ 新聞社総売上高と全産業売上高などの推移 （2011年度を100とした場合の指数）

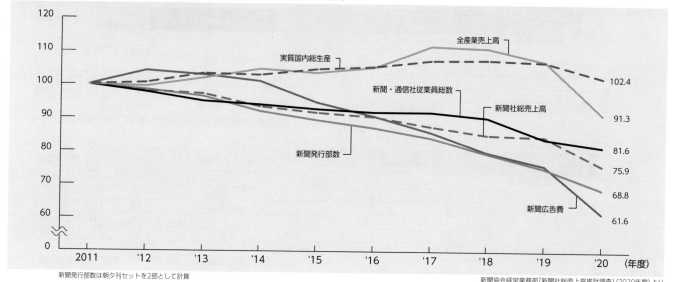

全産業売上高

実質国内総生産

新聞・通信社従業員総数

新聞社総売上高

新聞発行部数

新聞広告費

102.4
91.3
81.6
75.9
68.8
61.6

2011　'12　'13　'14　'15　'16　'17　'18　'19　'20　（年度）

新聞発行部数は朝夕刊セットを2部として計算

新聞協会経営業務部「新聞社総売上高推計調査」（2020年度）より

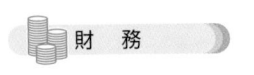 財　務

新聞社の収入・費用構成

▶発行規模別収入構成（総収入を100とする構成比率、単位：％）

	販売収入	広告収入	その他営業収入	営業外収益	特別利益
約80万部以上社	56.7	15.0	25.7	1.4	1.3
約40万部以上社	62.2	20.3	12.6	2.5	2.4
約20万部以上社	61.5	21.6	13.5	2.0	1.5
20万部未満社	58.3	22.6	16.0	2.2	0.8

調査社平均　販売収入57.8（％）　広告収入16.6　その他営業収入22.6　営業外収益1.6　特別利益1.4

▶発行規模別費用構成（総費用を100とする構成比率、単位：％）

	用紙費	資材費	人件費	経費	営業外費用	特別損失	法人税等充当額
約80万部以上社	9.4	0.4	23.2	60.7	0.3	1.7	4.4
約40万部以上社	13.3	2.0	30.0	49.0	0.8	1.7	3.2
約20万部以上社	13.8	2.4	35.3	45.0	0.4	1.7	1.4
20万部未満社	13.9	2.7	31.6	49.1	0.7	0.4	1.5

調査社平均　用紙費10.4（％）　資材費0.8　人件費25.4　経費57.4　営業外費用0.4　特別損失1.6　法人税等充当額3.9

回答サンプル39社の数字であり、加盟社全体の推計値とは異なる

新聞社経営業務部「新聞事業の経営動向」（2020年度）より

新聞・通信社の従業員総数

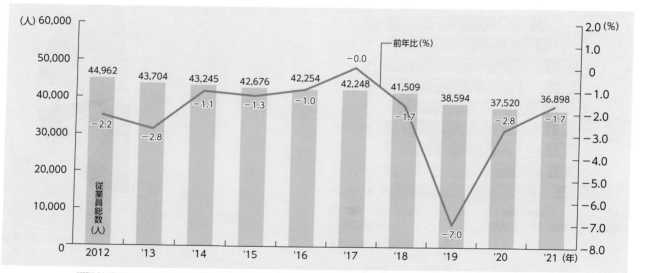

新聞協会加盟新聞・通信社の従業員総数。年によって社数は異なる。2021年は96社
18年までは有期契約の嘱託および定年後再雇用者を従業員に含めていたが、19年から除外している

新聞協会経営業務部「新聞・通信社の従業員数・労務構成調査」（毎年4月）より

18

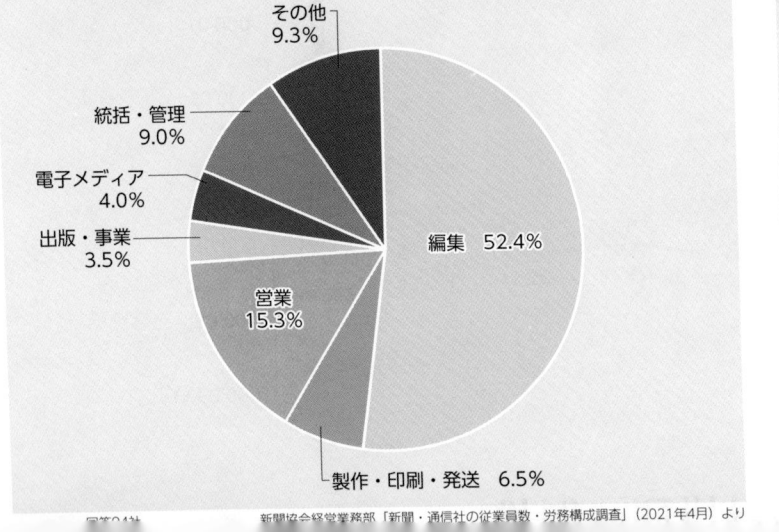

部門別従業員数と構成比

▶部門別従業員構成比率（2021年）

- 編集 52.4%
- 営業 15.3%
- その他 9.3%
- 統括・管理 9.0%
- 電子メディア 4.0%
- 出版・事業 3.5%
- 製作・印刷・発送 6.5%

▶部門別従業員数の推移

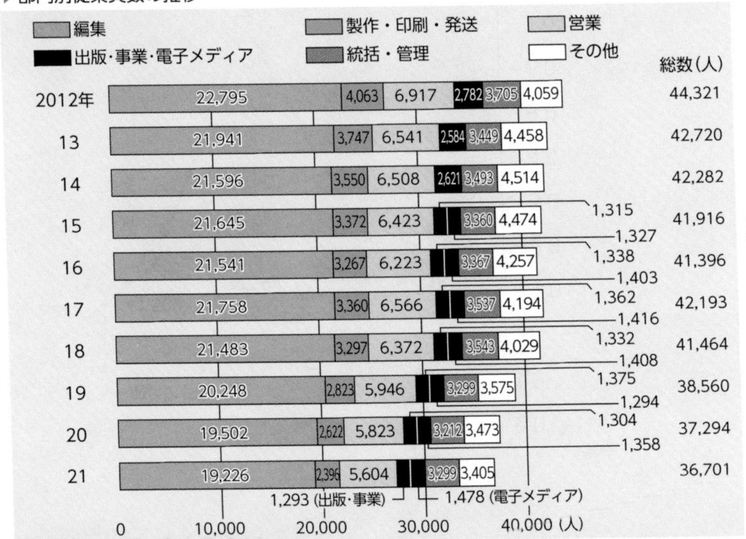

凡例：編集／製作・印刷・発送／営業／出版・事業・電子メディア／統括・管理／その他

年	編集	製作・印刷・発送	営業	出版・事業・電子メディア	統括・管理	その他	総数（人）
2012年	22,795	4,063	6,917	2,782	3,705	4,059	44,321
13	21,941	3,747	6,541	2,584	3,449	4,458	42,720
14	21,596	3,550	6,508	2,621	3,493	4,514	42,282
15	21,645	3,372	6,423	3,360	4,474	1,315	41,916
16	21,541	3,267	6,223	3,867	4,257	1,327	41,396
17	21,758	3,360	6,566	3,537	4,194	1,338	42,193
18	21,483	3,297	6,372	3,543	4,029	1,403	41,464
19	20,248	2,823	5,946	3,299	3,575	1,362	38,560
20	19,502	2,622	5,823	3,212	3,473	1,416	37,294
21	19,226	2,396	5,604	3,299	3,405	1,332	36,701

その他（年次欄外値）：1,294 / 1,304 / 1,358 / 1,375 / 1,408

1,293（出版・事業）　1,478（電子メディア）

0　10,000　20,000　30,000　40,000（人）

雇用

新聞協会経営業務部「新聞・通信社の従業員数・労務構成調査」（2021年4月）より

年によって社数は異なる。2021年は回答94社。部門別従業員数を回答していない社があるため、従業員総数は18ページの総数と一致しない

年齢別従業員数と構成比

▶ 年齢別従業員数（2021年）

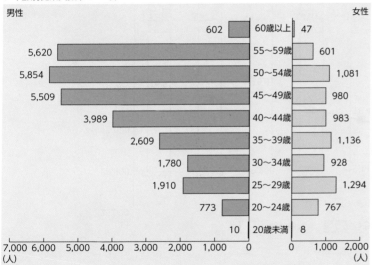

男性		女性
602	60歳以上	47
5,620	55〜59歳	601
5,854	50〜54歳	1,081
5,509	45〜49歳	980
3,989	40〜44歳	983
2,609	35〜39歳	1,136
1,780	30〜34歳	928
1,910	25〜29歳	1,294
773	20〜24歳	767
10	20歳未満	8

回答93社　　新聞協会経営業務部「新聞・通信社の従業員数・労務構成調査」（2021年4月）より

▶ 世代別従業員構成比率の推移

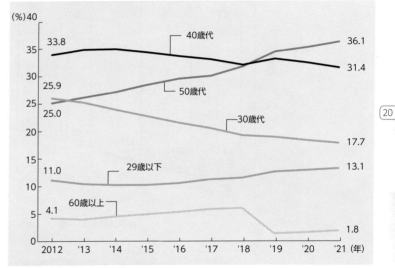

40歳代　33.8　→　36.1
50歳代　25.9　→　31.4
30歳代　25.0　→　17.7
29歳以下　11.0　→　13.1
60歳以上　4.1　→　1.8

2012　'13　'14　'15　'16　'17　'18　'19　'20　'21（年）

年によって社数は異なる。2021年は回答93社
四捨五入のため、構成比率の合計は100.0にならない場合がある
新聞協会経営業務部「新聞・通信社の従業員数・労務構成調査」（毎年4月）より

記者総数と女性記者の比率

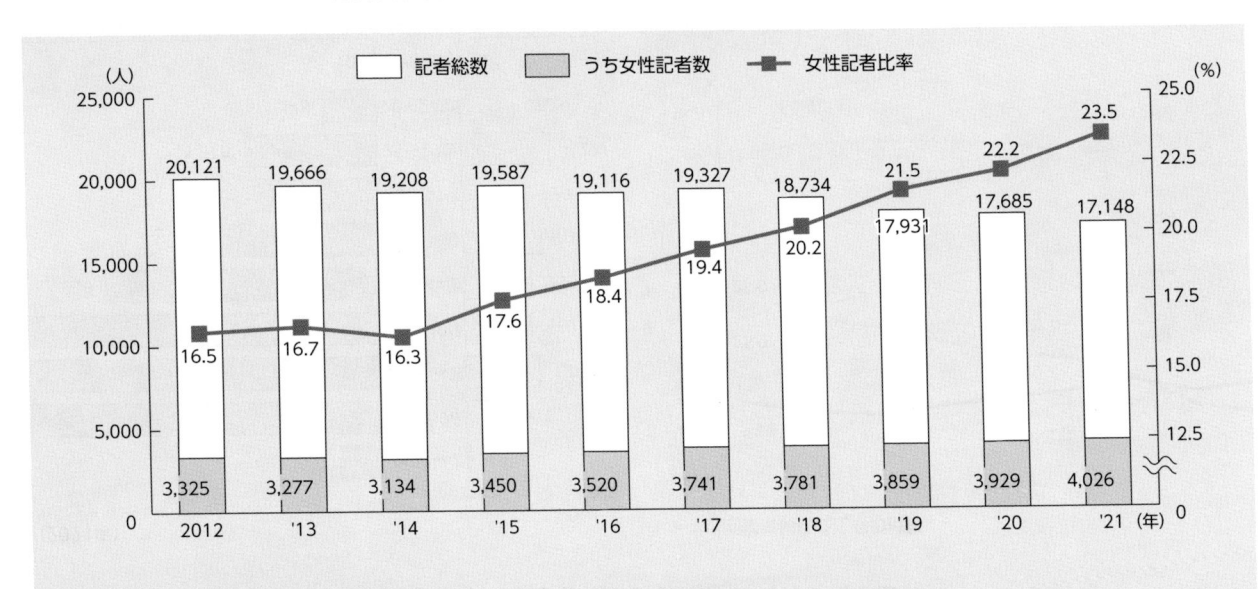

凡例: 記者総数　うち女性記者数　女性記者比率

（人）	2012	'13	'14	'15	'16	'17	'18	'19	'20	'21 (年)
記者総数	20,121	19,666	19,208	19,587	19,116	19,327	18,734	17,931	17,685	17,148
うち女性記者数	3,325	3,277	3,134	3,450	3,520	3,741	3,781	3,859	3,929	4,026
女性記者比率（％）	16.5	16.7	16.3	17.6	18.4	19.4	20.2	21.5	22.2	23.5

調査回答社数は年によって異なる。2021年は94社

新聞協会経営業務部「新聞・通信社の従業員数・労務構成調査」（毎年4月）より

21

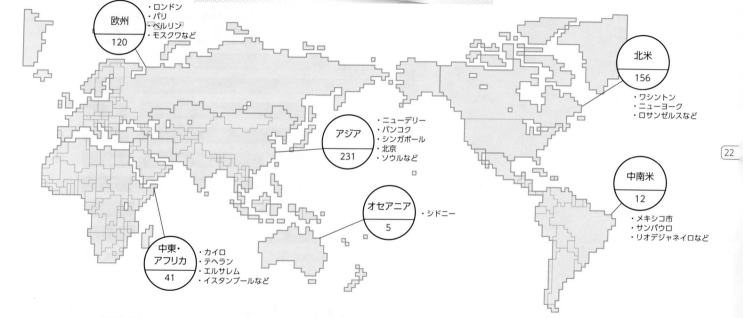

日本メディアの海外特派員

欧州 120
・ロンドン
・パリ
・ベルリン
・モスクワなど

北米 156
・ワシントン
・ニューヨーク
・ロサンゼルスなど

アジア 231
・ニューデリー
・バンコク
・シンガポール
・北京
・ソウルなど

オセアニア 5
・シドニー

中南米 12
・メキシコ市
・サンパウロ
・リオデジャネイロなど

中東・アフリカ 41
・カイロ
・テヘラン
・エルサレム
・イスタンブールなど

22

数字は延べ人数

新聞協会調べ（2021年7月現在）

 雇　用

新聞販売所従業員の構成

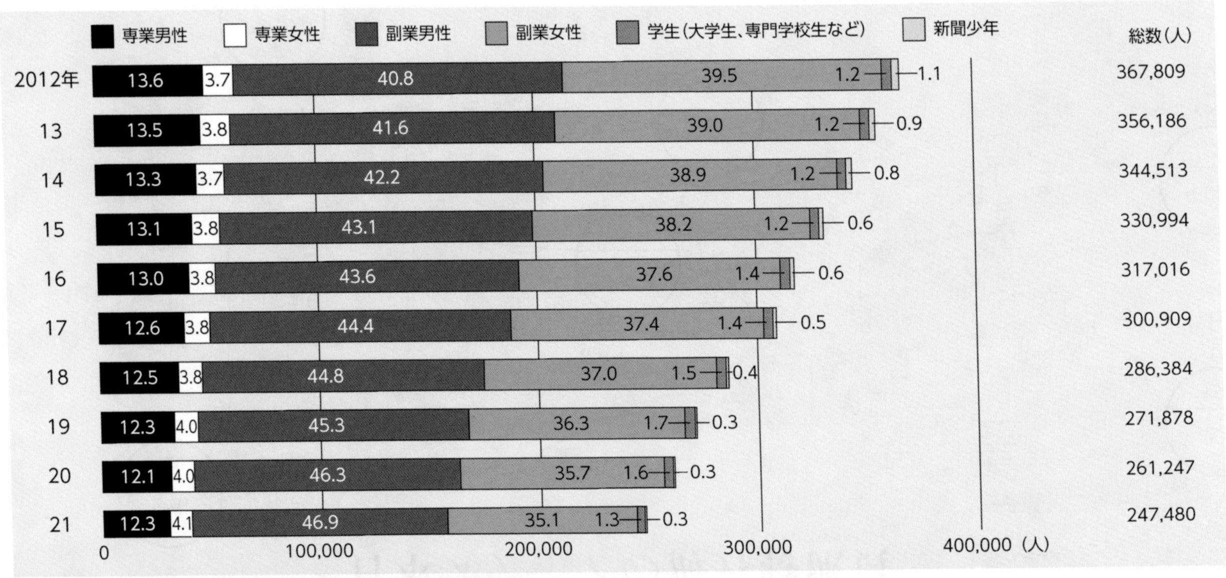

	専業男性	専業女性	副業男性	副業女性	学生（大学生、専門学校生など）	新聞少年	総数（人）
2012年	13.6	3.7	40.8	39.5	1.2	1.1	367,809
13	13.5	3.8	41.6	39.0	1.2	0.9	356,186
14	13.3	3.7	42.2	38.9	1.2	0.8	344,513
15	13.1	3.8	43.1	38.2	1.2	0.6	330,994
16	13.0	3.8	43.6	37.6	1.4	0.6	317,016
17	12.6	3.8	44.4	37.4	1.4	0.5	300,909
18	12.5	3.8	44.8	37.0	1.5	0.4	286,384
19	12.3	4.0	45.3	36.3	1.7	0.3	271,878
20	12.1	4.0	46.3	35.7	1.6	0.3	261,247
21	12.3	4.1	46.9	35.1	1.3	0.3	247,480

0　　　100,000　　　200,000　　　300,000　　　400,000（人）

新聞販売所数の推移

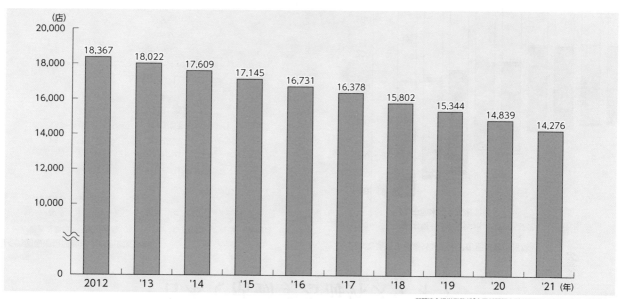

(店)

年	店数
2012	18,367
'13	18,022
'14	17,609
'15	17,145
'16	16,731
'17	16,378
'18	15,802
'19	15,344
'20	14,839
'21	14,276

新聞協会経営業務部「全国新聞販売所従業員総数調査」(毎年10月)より

日本で活動する海外メディア

▶日本に拠点を置く外国報道機関数および所属記者数

地域（国数）	報道機関数	所属記者数
北米（2）	26	169
アメリカ合衆国	25	168
カナダ	1	1
欧州（10）	49	99
アゼルバイジャン	1	1
イギリス	13	22
イタリア	3	3
オランダ	1	1
スイス	2	2
スペイン	2	5
ドイツ	13	25
フランス	10	30
ベルギー	1	1
ロシア	3	9

地域（国数）	報道機関数	所属記者数
アジア（8）	50	96
インドネシア	1	1
シンガポール	3	3
バングラデシュ	1	2
ベトナム	3	6
韓国	15	31
中国（香港・マカオを除く）	14	37
中国（香港）	6	10
台湾	6	6
大洋州（1）	2	3
オーストラリア	2	3
中東（4）	5	8
イラン	2	2
カタール	1	3
クウェート	1	1
トルコ	1	2
総計	132	375

2022年2月1日現在
外務省発行の外国記者登録証保持者を中心に、フォーリン・
プレスセンターが独自に集計

▶日本で活動する海外メディアの記者数の推移

凡例：■中東　□大洋州　■アジア　■欧州　■中南米　□北米

	2013	'14	'15	'16	'17	'18	'19	'20	'21	'22 (年)
中東	10									8
	8									3
欧州	138									96
アジア	133									99
中南米	9									0
北米	322									169

（人）

NIE実践と学力

●NIEは、Newspaper In Education（教育に新聞を）の略。学校や家庭、地域などで新聞を生きた教材とする活動です。新聞協会は毎年度、全国で500以上の小中高校をNIE実践指定校に認定し、一定期間新聞を提供して授業で活用してもらう活動を進めています。

新聞協会NIE委員会が小中学校のNIE実践校を対象に実施した「NIEの学習効果を調べるアンケート」によると、週1回以上実践している学校の全国学力テスト（2019年）の平均正答率は全国平均より高い傾向にあります。朝の時間などに継続して新聞を読む活動「NIEタイム」の実施校ではさらに高く、学校全体での日常的なNIEの取り組みが学力向上につながることがうかがえます。

国語の記述式問題で「最後まで解答を書こうと努力した」児童生徒の割合もNIEタイム実施校では全国平均より高い結果が出ています。小中学校とも「書く力」「読む力」が伸びたとの回答が7〜9割を占めました。

▶NIE実践と全国学力テスト平均正答率・解答意欲との相関関係

【小学校】（37都道府県47校）

	教科	回答校平均正答率（％）	全国平均との差（単位＝ポイント）
NIEを週1回以上実践（22校）	国語	68.8	+4.8
	算数	69.8	+3.1
NIEを週1回以上、かつNIEタイムを実施（21校）	国語	69.4	+5.4
	算数	70.0	+3.3
最後まで解答を書こうと努力した（NIEタイム実施28校）		87.6	+7.1

【中学校】（40都道府県52校）

	教科	回答校平均正答率（％）	全国平均との差（単位＝ポイント）
NIEを週1回以上実践（22校）	国語	76.8	+3.6
	数学	62.5	+2.2
NIEを週1回以上、かつNIEタイムを実施（18校）	国語	77.7	+4.5
	数学	62.9※	+2.6
最後まで解答を書こうと努力した（NIEタイム実施26校）		83.6	+3.5

※18校中2校は無回答。平均正答率は16校で算出

▶NIE実践による「書く力」「読む力」の変化

【小学校】（47校）

	「書く力」の変化 回答校	「読む力」の変化 回答校
大幅に伸びた	3	4
伸びた	24	19
少し伸びた	16	22
変化は見られない	3	1
その他	1	1

【中学校】（52校）

	「書く力」の変化 回答校	「読む力」の変化 回答校
大幅に伸びた	3	1
伸びた	20	17
少し伸びた	18	19
変化は見られない	11	14
その他	0	1

新聞協会NIE委員会「NIEの学習効果を調べるアンケート」結果をもとに作成（2019年11-12月実施）

新聞を読む頻度と学力

▶全国学力テストの平均正答率と新聞閲読頻度の相関

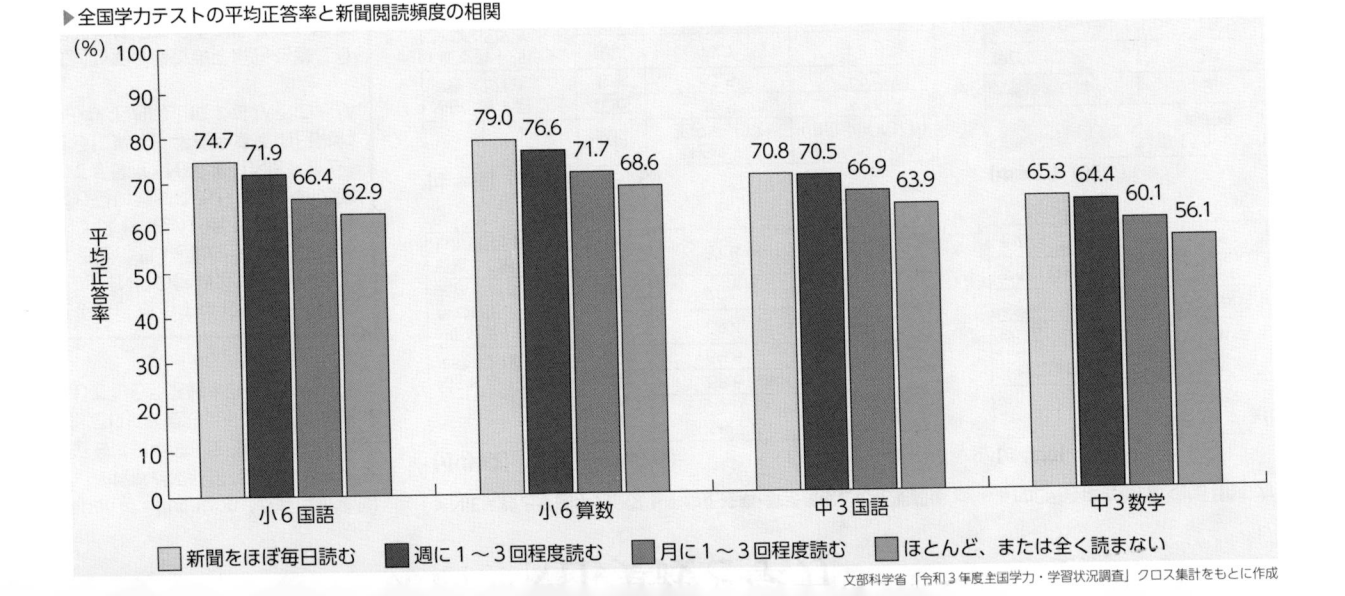

(%)

縦軸: 平均正答率

	小6国語	小6算数	中3国語	中3数学
新聞をほぼ毎日読む	74.7	79.0	70.8	65.3
週に1〜3回程度読む	71.9	76.6	70.5	64.4
月に1〜3回程度読む	66.4	71.7	66.9	60.1
ほとんど、または全く読まない	62.9	68.6	63.9	56.1

■新聞をほぼ毎日読む ■週に1〜3回程度読む ■月に1〜3回程度読む ■ほとんど、または全く読まない

文部科学省「令和3年度全国学力・学習状況調査」クロス集計をもとに作成

27

新聞閲読と読解力の国際比較

▶「新聞閲読」「ニュースへの関心」の度合いと読解力の平均得点

国・地域		新聞閲読		ニュースへの関心		
		読む	読まない	紙でもデジタル機器でも同じくらい読む	紙で読むことのほうが多い	まったく関心がない
OECD加盟国	日本	531	498	524	504	445
	オーストラリア	514	504	524	479	471
	カナダ	537	524	-	-	-
	エストニア	542	517	540	500	492
	フィンランド	541	515	549	525	482
	フランス	504	496	511	468	460
	ドイツ	526	504	543	499	463
	アイルランド	519	519	540	491	476
	イタリア	484	478	485	461	430
	韓国	542	507	538	512	460

国・地域		新聞閲読		ニュースへの関心		
		読む	読まない	紙でもデジタル機器でも同じくらい読む	紙で読むことのほうが多い	まったく関心がない
加盟国	オランダ	536	495	-	-	-
	ニュージーランド	509	509	528	483	473
	イギリス	519	505	535	480	476
	アメリカ	504	509	508	454	484
	平均	497	489	508	467	457
非加盟国・地域	北京・上海・江蘇・浙江	571	550	-	-	-
	香港	540	516	553	531	473
	台湾	521	498	542	502	454
	シンガポール	568	539	572	554	502

対象は義務教育終了段階の15歳児、日本は高校1年に相当
「読む」は「週に数回」「月に数回」、「読まない」は「月に1回ぐらい」「年に数回」「まったく、またはほとんどない」と回答した生徒

国立教育政策研究所編「OECD生徒の学習到達度調査（PISA）2018年調査国際結果報告書」をもとに作成

経済協力開発機構（OECD）の「生徒の学習到達度調査（PISA）2018年」によると、ほとんどの国・地域で、新聞を閲読する生徒は閲読しない生徒よりも読解力の平均得点がおおむね高いことが分かります。

さまざまなテキストや図・グラフが載っている新聞に親しむことは、生徒の読む力に好影響を与えています。

新聞と読者

新聞オーディエンスの実態

▶新聞への接触頻度　(n=1,200)

	構成比(%)
新聞オーディエンス	87.8
毎日見る（エプリデーオーディエンス）	45.7
週1回以上見る（ウイークリーオーディエンス）	14.5
月1回以上見る（マンスリーオーディエンス）	3.4
月1回未満、または普段は全く見聞きしないが、見る機会がある（拡張オーディエンス）	24.2
非新聞オーディエンス	11.1
無回答	1.2

　新聞の定期購読者に加えて、購読の有無や頻度を問わずさまざまな目的や状況に応じて新聞を読む人や、ＳＮＳで拡散された新聞社発の情報を入手する人などを含めて「新聞オーディエンス」と定義した。

▶新聞オーディエンスの年代別構成（単位＝%）

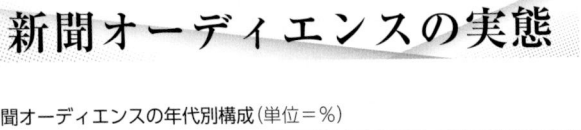

	15～19歳	20～29歳	30～39歳	40～49歳	50～59歳	60～69歳	70～79歳	平均年齢(歳)
新聞オーディエンス計	5.3	11.5	13.4	19.3	16.5	19.4	14.6	49.5
毎日見る	1.1 / 3.6	6.6	16.1	20.6	27.7	24.3		58.1
週1回以上＋月1回以上見る	7.4	15.3	20.0	25.1	14.0	13.0	5.1	42.8
月1回未満見る	11.7	23.4	21.4	21.0	10.7	8.3	3.4	38.3
非新聞オーディエンス	13.5	20.3	31.6	13.5	8.3	10.5	2.3	37.3
全体	6.2	12.3	15.6	18.4	15.5	18.5	13.5	48.3

四捨五入のため、構成比率の合計は100.0にならない場合がある

新聞協会広告委員会「2021年『新聞オーディエンス調査』」より

▶各メディアに接触している人の割合（単位％）

凡例: 毎日　週1回以上　月1回以上　月1回未満　全く見聞きしていない　無回答

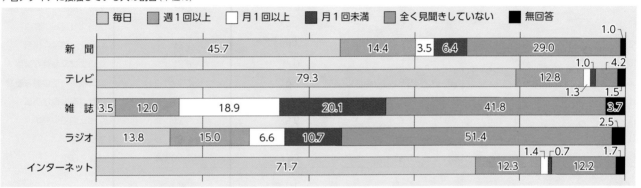

メディア	毎日	週1回以上	月1回以上	月1回未満	全く見聞きしていない	無回答
新聞	45.7	14.4	3.5	6.4	29.0	1.0
テレビ	79.3	12.8	1.0	1.3	1.5	4.2
雑誌	3.5	12.0	18.9	20.1	41.8	3.7
ラジオ	13.8	15.0	6.6	10.7	51.4	2.5
インターネット	71.7	12.3	1.4	0.7	12.2	1.7

n=1,200
新聞は紙のほか、インターネット経由で見聞きする新聞の情報を含む。テレビ、雑誌、ラジオについても同様
四捨五入のため、構成比率の合計は100.0にならない場合がある

新聞協会広告委員会「2021年『新聞オーディエンス調査』」より

メディアに対する印象と評価

▶各メディアの印象・評価（複数回答、単位％）

	新 聞	テレビ	雑 誌	ラジオ	インターネット
知的である	※ 58.6	23.3	5.3	7.1	13.8
安心できる	※ 48.3	38.7	2.4	8.1	15.2
情報が正確である	※ 47.5	35.6	2.3	6.5	15.5
情報の信頼性が高い	※ 47.1	36.7	1.7	5.8	18.0
教養を高めるのに役立つ	※ 46.2	29.4	8.5	5.9	27.0
情報が整理されている	※ 43.8	37.0	3.6	4.0	20.8
接触が大切だと思う	42.1	44.2	3.2	7.0	24.3
地域に密着している	※ 40.4	28.7	3.2	9.3	18.8
読んだことが記憶に残る	39.7	43.2	6.3	6.0	32.5
就職活動の重要な情報源	※ 36.8	25.2	4.2	3.8	34.8
情報が詳しい	36.3	37.0	3.4	3.3	36.9
情報の重要度がよく分かる	36.2	42.4	1.3	4.0	19.7
	35.8	65.3	5.0	6.9	27.1

物事の全体像寺を把握できる	35.3	42.7	3.1	4.0	23.1
情報源として欠かせない	34.3	54.3	2.7	7.3	44.9
仕事に役立つ	※ 34.3	34.0	3.8	5.1	34.0
バランスよく情報を得られる	32.8	43.4	2.3	4.9	25.1
世論を形成する力がある	32.8	51.8	2.2	4.4	26.3
自分の視野を広げてくれる	32.3	41.9	7.4	8.3	45.1
日常生活に役立つ	32.0	51.4	5.2	8.5	47.3
情報量が多い	31.7	44.6	3.9	2.9	42.9
世の中の動きを幅広く捉えている	31.7	45.4	1.8	5.3	27.8
中立・公正である	※ 30.4	26.1	0.9	4.3	12.3
分かりやすい	26.8	57.6	2.9	6.9	36.2
親しみやすい	25.1	58.3	4.8	11.0	37.9
話のネタになる	20.3	50.9	5.7	7.7	53.2
情報が速い	12.5	47.5	0.9	7.7	57.6

n=1,200
新聞は紙のほか、インターネット経由で見聞きする新聞の情報を含む。テレビ、雑誌、ラジオについても同様
※印は新聞への評価が最も高い項目

新聞協会広告委員会「2021年『新聞オーディエンス調査』」より

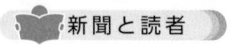

新型コロナウイルスと新聞閲読時間

新聞協会広告委員会「2021年『新聞オーディエンス調査』」によると、新型コロナウイルスの流行前と比較し、12.6％の人が新聞の閲読時間が「増えた」と回答しています。平日は3.3分、休日は2.6分それぞれ増えており、コロナ流行後の新聞への接触は増加傾向にあることが分かります。コロナ下で新聞社が発信する情報への関心は高まっています。

▶新型コロナウイルス流行前と比べた新聞閲読時間の変化

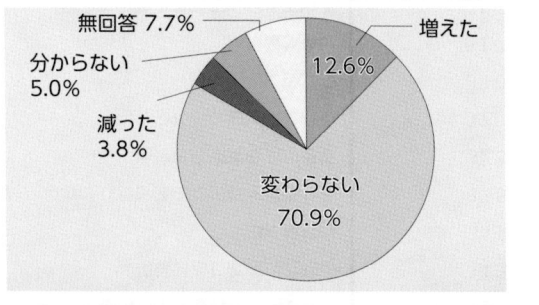

無回答 7.7％
分からない 5.0％
減った 3.8％
増えた 12.6％
変わらない 70.9％

▶新聞を1日に読んだり見たりする時間（平日）

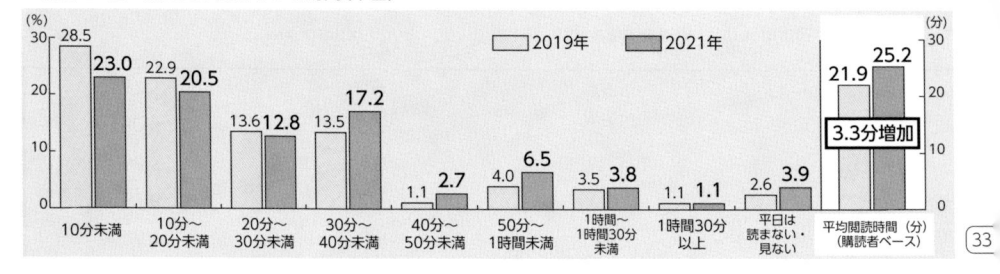

	2019年	2021年
10分未満	28.5	23.0
10分～20分未満	22.9	20.5
20分～30分未満	13.6	12.8
30分～40分未満	13.5	17.2
40分～50分未満	1.1	2.7
50分～1時間未満	4.0	6.5
1時間～1時間30分未満	3.5	3.8
1時間30分以上	1.1	1.1
平日は読まない・見ない	2.6	3.9
平均閲読時間（分）（購読者ベース）	21.9	25.2

3.3分増加

▶新聞を1日に読んだり見たりする時間（休日）

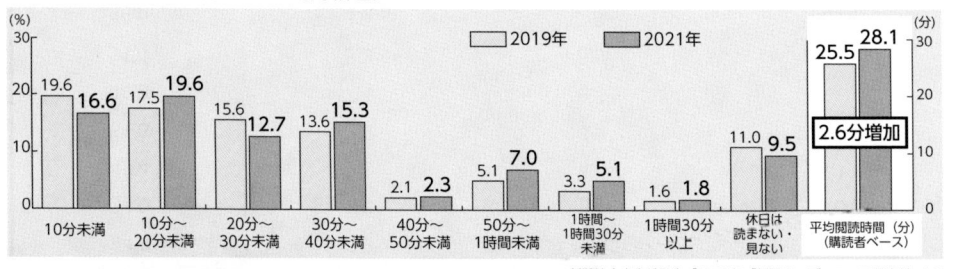

	2019年	2021年
10分未満	19.6	16.6
10分～20分未満	17.5	19.6
20分～30分未満	15.6	12.7
30分～40分未満	13.6	15.3
40分～50分未満	2.1	2.3
50分～1時間未満	5.1	7.0
1時間～1時間30分未満	3.3	5.1
1時間30分以上	1.6	1.8
休日は読まない・見ない	11.0	9.5
平均閲読時間（分）（購読者ベース）	25.5	28.1

2.6分増加

33

新聞協会広告委員会「2021年『新聞オーディエンス調査』」より

記事の満足度と戸別配達のニーズ

▶新聞記事の満足度（単位%）

凡例：■満足している ■まあ満足している ■どちらとも言えない □ほとんど読まない □無回答 ■やや不満である ■不満である

	満足している	まあ満足している	どちらとも言えない	ほとんど読まない	無回答	やや不満である	不満である
テレビ・ラジオ欄	13.2	33.1	25.2	24.6	1.9	1.4	0.6
地域に関する記事	9.6	33.0	27.1	20.9	2.4	5.5	1.5
社会に関する記事	6.2	35.0	30.1	21.7	1.8	3.8	1.5
政治に関する記事	5.6	33.3	28.7	23.9	1.5	4.1	2.8
スポーツ・芸能に関する記事	6.6	31.5	31.7	23.2	1.8	3.9	1.3
経済に関する記事	5.5	31.5	30.9	25.0	1.7	3.7	1.6
生活・健康に関する記事	6.0	30.6	34.1	22.9	2.0	3.3	1.1
文化に関する記事	5.4	29.7	35.0	24.0	2.0	3.1	0.9
国際情勢に関する記事	5.3	29.3	32.6	23.5	2.2	4.8	2.3
社説・解説欄	6.3	25.6	33.6	28.0	2.2	2.7	1.7

n＝3,047
四捨五入のため、構成比率の合計は100.0にならない場合がある

新聞通信調査会「第14回メディアに関する全国世論調査」（2021年）をもとに作成

▶新聞の戸別配達のニーズ（単位%）

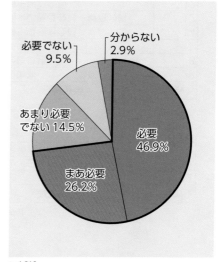

必要でない 9.5%
分からない 2.9%
あまり必要でない 14.5%
必要 46.9%
まあ必要 26.2%

n＝1,210

新聞公正取引協議委員会調べ（2021年11月現在）

デジタルメディアを活用した新聞・通信社の情報サービス

総合ニュースサービスの概況

▶サービス分類と提供方法

サービス分類	提供方法	件数
ペイウォール型（※1）	無料記事＋有料会員限定記事 一部記事は無料	33
本紙購読者限定ペイウォール型（※2）	無料記事＋本紙購読者会員限定記事 一部記事は無料	9
有料電子サービス会員限定ペイウォール型	無料記事＋自社の別有料サービス会員限定記事 一部記事は無料	7
有料電子版・サービス（※1）	当該サービスの購入者のみ利用可能	26
本紙購読者限定電子版・サービス（※2）	本紙購読者のみ利用可能	7
無料ニュースサイト	すべての記事が無料	36
その他	上記類型に当てはまらない	3

※1　本紙購読者は追加負担なしで閲読可能なサービスを含む
※2　本紙を購読した上で有料契約が必要なサービスおよび本紙配達区域外の非購読者に限り有料契約で閲読可能なサービスを含む

▶収益モデル

収益モデル	件数
広告単独	42
有料課金・広告併用	39
有料課金単独	31
その他	9

▶会員制度の形態

制度分類	件数
有料会員単独	28
購読者会員単独	8
無料会員単独	2
有料会員＋購読者会員	14
有料会員＋購読者会員＋無料会員	12
有料会員＋無料会員	12
購読者会員＋無料会員	5
会員制なし	40

新聞協会メディア開発委員会「デジタルメディアを活用した新聞・通信社の情報サービス現況調査」（2021年4月現社）をもとに作成

ニュースコンテンツの外部配信

▶ニュースサイト・アプリへの提供（複数回答）

配信先	社数
LINE	60
Yahoo	59
NTT docomo	50
SmartNews	49
ノアドット	44
goo	37
msn	37
グノシー	27
au	23
NewsPicks	8
配信していない	16

▶放送局、電光ニュース・デジタルサイネージへのコンテンツ提供（複数回答）

提供先	社数
系列・関連テレビ局	9
その他テレビ局	5
系列・関連ラジオ局	21
その他ラジオ局	24
系列・関連CATV	9
その他CATV	17
街頭ビジョン	25
交通系	15
企業・官公庁	15
サイネージ自社設置	20

新聞協会メディア開発委員会「デジタルメディアを活用した新聞・通信社の情報サービス現況調査」（2021年4月現在）をもとに作成
回答のあった83新聞・通信社の取り組み

新聞の印刷拠点

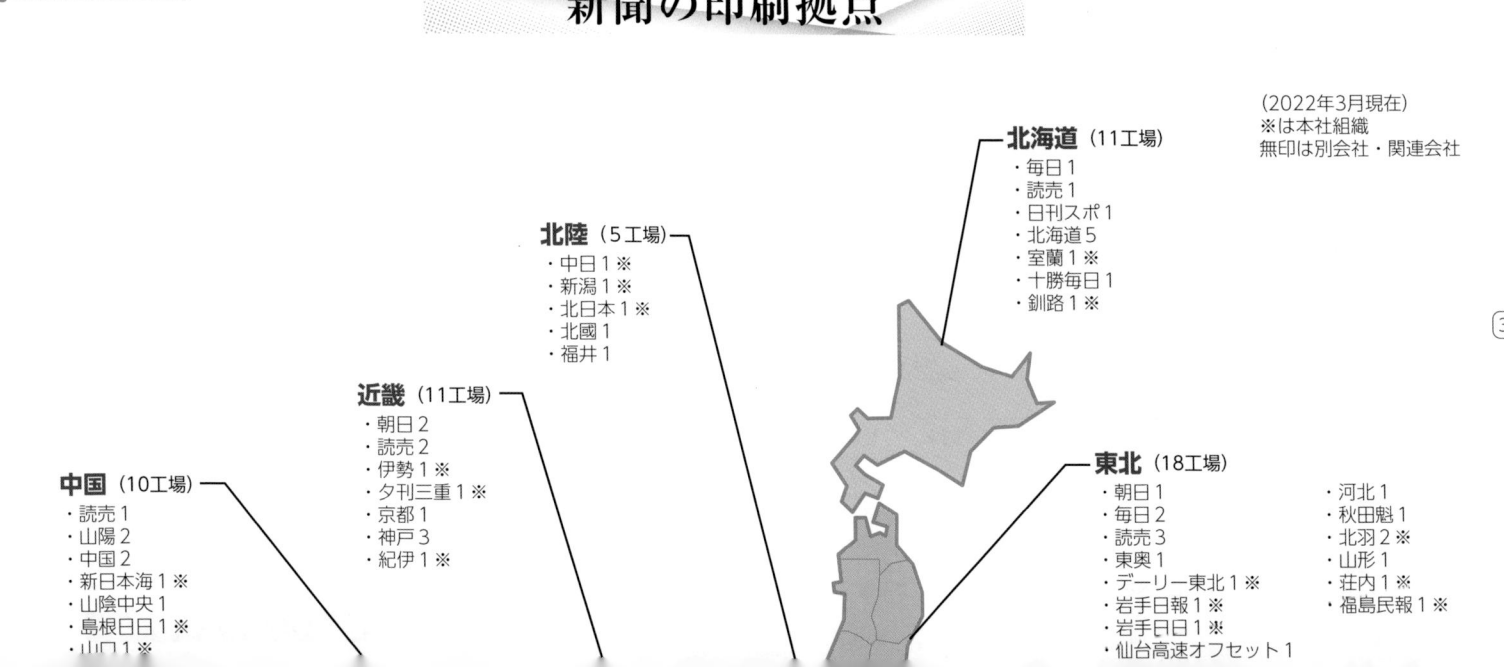

（2022年3月現在）
※は本社組織
無印は別会社・関連会社

北海道（11工場）
・毎日 1
・読売 1
・日刊スポ 1
・北海道 5
・室蘭 1 ※
・十勝毎日 1
・釧路 1 ※

北陸（5工場）
・中日 1 ※
・新潟 1 ※
・北日本 1 ※
・北國 1
・福井 1

近畿（11工場）
・朝日 2
・読売 2
・伊勢 1 ※
・夕刊三重 1 ※
・京都 1
・神戸 3
・紀伊 1 ※

中国（10工場）
・読売 1
・山陽 2
・中国 2
・新日本海 1 ※
・山陰中央 1
・島根日日 1 ※
・山口 1 ※

東北（18工場）
・朝日 1
・毎日 2
・読売 3
・東奥 1
・デーリー東北 1 ※
・岩手日報 1 ※
・岩手日日 1 ※
・仙台高速オフセット 1

・河北 1
・秋田魁 1
・北羽 2 ※
・山形 1
・荘内 1 ※
・福島民報 1 ※

37

九州 （24工場）
- 朝日 2
- 毎日 2
- 読売 2
- 日経 1
- 西日本 2
- 佐賀 1
- 長崎 1
- 熊本日日 2 ※
- 大分合同 1 ※
- 宮崎日日 1 ※
- 夕刊デイリー 1 ※
- 南日本 3
- 南海日日 1 ※
- 沖タイ 1
- 琉球 1
- 八重山毎日 1 ※
- 宮古毎日 1 ※

四国 （5工場）
- 読売 1
- 徳島 1
- 四国 1
- 愛媛 1
- 高知 1

大阪 （11工場）
- 朝日 2
- 毎日 3
- 読売 3
- 日経 1
- 産経 2

中部 （19工場）
- 朝日 1
- 読売 1
- 日経 1
- 山梨日日 1 ※
- 静岡 1
- 信濃毎日 2 ※
- 長野 1 ※
- 南信州 1 ※
- 市民タイ 1
- 中日 7
  （うち本社組織 1）※
- 東愛知 1 ※
- 岐阜 1

関東 （26工場）
- 朝日 3
- 毎日 4
- 読売 6
- 日経 6
- 産経 1
- 日刊スポ 1
- 下野 1
- 上毛 1 ※
- 埼玉 1 ※
- 神奈川 1
- 中日 1

東京 （16工場）
- 朝日 2
- 毎日 2
- 読売 7
- 日経 1
- 産経 1
- 日刊スポ 2
- アサガミプレスセンター 1
  （東京などを受託印刷）

新聞協会「新聞社の主要製作設備一覧2021」をもとに作成
その後の動きも反映した

新聞・通信社間の災害・障害発生時援助協定（2社間）

新聞協会会員社間で結んでいる2社間の相互・片務協定
関連会社の協定を含めて図式化した
このほか3社間以上の相互協定が42社20件、片務協定が5社3件締結されている

（2022年3月現在　新聞協会編集制作部調べ）

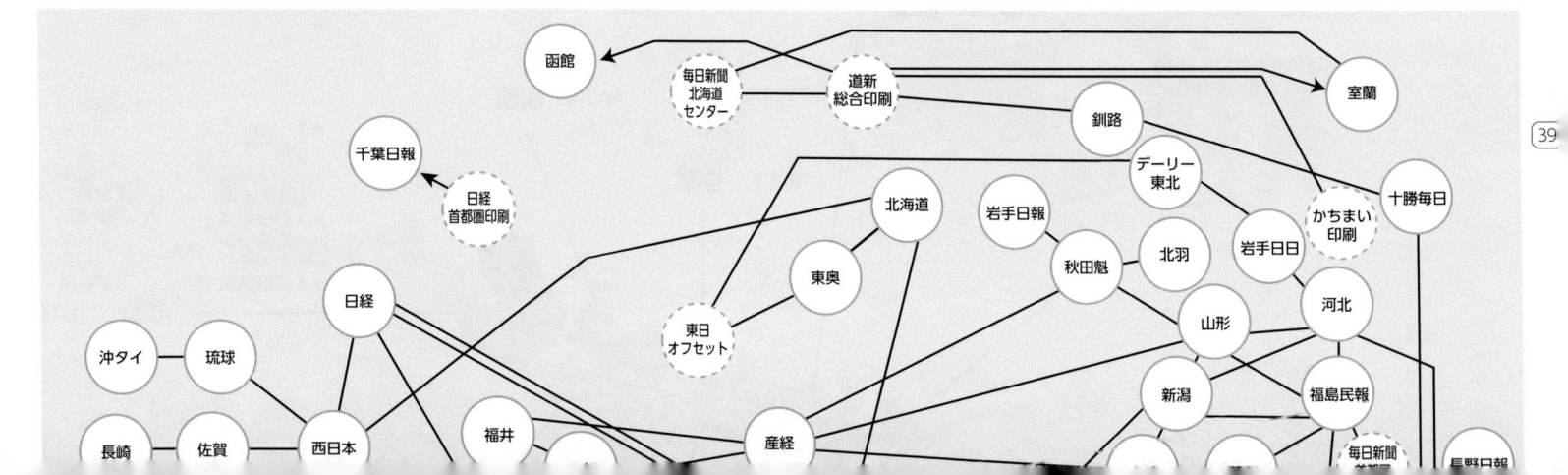

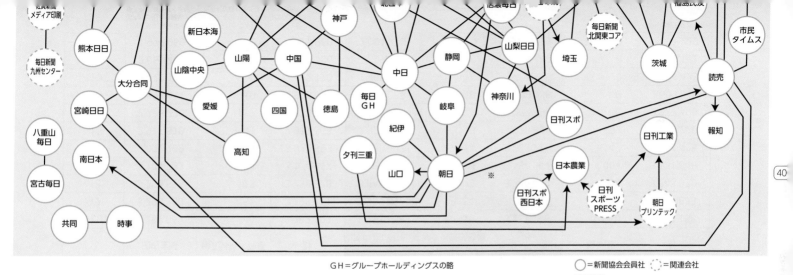

GH＝グループホールディングスの略

◯＝新聞協会会員社　⟨⟩＝関連会社

相互協定＝ ——

片務協定＝（支援社）——▶（被支援社）

※朝日と読売には一部地域で片務協定もある（読売➡朝日）

40

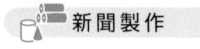 新聞製作

新聞用紙の生産と消費

（単位：トン、重量ベース）

	生産			払い出し				
	国内生産	輸入外紙入荷量	計	新聞社向け			輸　出	計
				国内払い出し	輸入外紙消費量	計		
2011年	3,282,062	40	3,282,102	3,251,158	40	3,251,198	10,960	3,262,158
12	3,298,360	51	3,298,411	3,305,897	51	3,305,948	1,875	3,307,823
13	3,258,555	123	3,258,678	3,246,699	123	3,246,822	2,008	3,248,830
14	3,174,733	184	3,174,917	3,180,380	184	3,180,564	1,084	3,181,648
15	3,022,299	54	3,022,353	3,033,222	54	3,033,276	1,149	3,034,425
16	2,917,510	43	2,917,553	2,925,585	43	2,925,628	592	2,926,220
17	2,778,726	7	2,778,733	2,777,489	7	2,777,496	0	2,777,496
18	2,593,611	10	2,593,621	2,609,038	10	2,609,048	0	2,609,048
19	2,422,120	0	2,422,120	2,408,425	0	2,408,425	0	2,408,425
20	2,061,406	0	2,061,406	2,099,162	0	2,099,162	0	2,099,162
21	1,977,960	0	1,977,960	2,001,229	0	2,001,229	0	2,001,229

国内生産＝2016年までは製紙メーカーの海外合弁工場の生産を含む
国内払い出し＝製紙メーカーによる国内向け新聞用紙の出荷高
輸入外紙消費量＝新聞協会加盟社が商社または印刷会社から入手した輸入外紙の使用量

新聞協会経営業務部調べ

国内で生産される新聞用紙の種類

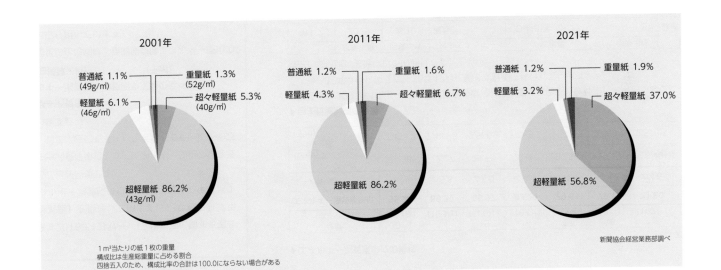

2001年

普通紙 1.1%
(49g/㎡)

軽量紙 6.1%
(46g/㎡)

重量紙 1.3%
(52g/㎡)

超々軽量紙 5.3%
(40g/㎡)

超軽量紙 86.2%
(43g/㎡)

2011年

普通紙 1.2%

軽量紙 4.3%

重量紙 1.6%

超々軽量紙 6.7%

超軽量紙 86.2%

2021年

普通紙 1.2%

軽量紙 3.2%

重量紙 1.9%

超々軽量紙 37.0%

超軽量紙 56.8%

新聞協会経営業務部調べ

1㎡当たりの紙1枚の重量
構成比は生産総重量に占める割合
四捨五入のため、構成比率の合計は100.0にならない場合がある

新聞界の第3次自主行動計画の推進

新聞協会は2016年12月から「環境対策に関する第3次自主行動計画」を推進しています。13年度を基準年としたエネルギー消費原単位を、30年度まで年平均1%削減することが目標です。

エネルギー消費原単位とは、エネルギー使用効率を表す指標で、省エネ法にも準拠した考え方です。以下の方法で算出します。

エネルギー消費原単位＝
　エネルギー消費量÷事務所や工場の延べ床面積
　　（原油換算・kl）　　　　　（千㎡）

地球温暖化防止に向け、新聞協会はエネルギー使用の効率改善に取り組んでいます。

20年度のエネルギー消費原単位は、13年度比で年平均4.5%減となり、現時点で目標をクリアしています。

▶ **エネルギー消費原単位の推移**

△はマイナス

年度 (参加社数)	2013 (102社)	14 (103社)	15 (106社)	16 (107社)	17 (106社)	18 (104社)	19 (107社)	20 (105社)
エネルギー消費原単位	**95.24**	**89.72**	**85.97**	**83.20**	**79.61**	**75.17**	**71.80**	**68.96**
年平均削減率		△5.8	△5.0	△4.4	△4.4	△4.6	△4.6	△4.5
エネルギー消費量 （原油換算・万kl）	23.38	22.27	21.55	21.37	20.54	19.19	18.49	17.38
延べ床面積 （千㎡）	2,454.2	2,481.8	2,506.3	2,568.3	2,579.7	2,553.2	2,575.1	2,520.6

▶ **自主行動計画の変遷**

新聞協会は2007年10月、「日本新聞協会の環境対策に関する自主行動計画」を策定しました。
その後、13年4月に第2次、16年12月に第3次計画に移行しています。
自主行動計画の変遷は以下の通りです。

	基準年度	目標年度	対象エネルギー	指標	削減目標	結果
第1次	2005	2010	電力	CO₂排出量（トン）	5%	達成
第2次	2005	2020	電力、都市ガス、重油など	エネルギー消費量（kl）	13%以上	2015年度に達成
第3次	2013	2030	電力、都市ガス、重油など	延べ床面積当たりエネルギー消費量（kl）	年平均1%	

※第1次計画の数値目標は京都議定書第1約束期間（2008～12年）の5年間平均として達成することになっていた

古紙回収率と回収量

▶古紙の国内回収率の推移

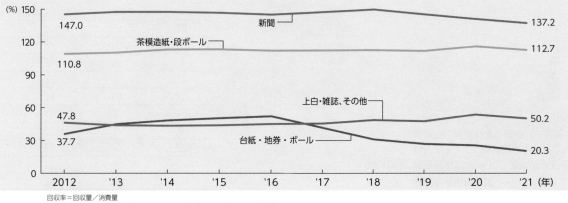

(%)

- 新聞: 147.0 → 137.2
- 茶模造紙・段ボール: 110.8 → 112.7
- 上白・雑誌、その他: 47.8 → 50.2
- 台紙・地券・ボール: 37.7 → 20.3

2012 '13 '14 '15 '16 '17 '18 '19 '20 '21 (年)

回収率＝回収量／消費量
新聞の古紙回収には折り込み広告も含まれるため、回収率は100％を超えている

▶古紙の国内回収量（単位：千トン）

回収量 (2021年)	新聞 2,662	上白・雑誌、その他 4,482	茶模造紙・段ボール 10,858	台紙・地券・ボール 455	合計 18,457

古紙再生促進センターの試算

日本と欧州における新聞の付加価値税率

（単位：％）

国　名	標準税率	新聞の税率	電子版税率
日本	10	8	10
オーストリア	20	10	10
ベルギー	21	0	0
※ ブルガリア	20	20	20
クロアチア	25	5	5
キプロス	19	5	19
チェコ	21	10	10
デンマーク	25	0	0
エストニア	20	9	9
フィンランド	24	10	10
フランス	20	2.1	2.1
ドイツ	19	7	7
ギリシャ	24	6	24
ハンガリー	27	5	27
アイルランド	23	9	9

▶日本における新聞の軽減税率

2016年 3月　税制改革関連法案が成立。消費税率10％への引き上げ時に、定期的に購読される新聞に8％の軽減税率適用が決定

19年10月　消費税率が10％に。酒類および外食を除く飲食料品とともに、週2回以上発行される新聞の定期購読料に軽減税率を適用（一部売り、電子版は対象外）

リトアニア	21	5	5
ルクセンブルク	17	3	3
マルタ	18	5	5
オランダ	21	9	9
ポーランド	23	8	8
ポルトガル	23	6	6
ルーマニア	19	5	19
スロバキア	20	10	20
スロベニア	22	5	5
スペイン	21	4	4
スウェーデン	25	6	6
イギリス	20	0	0
アイスランド	24	11	11
ノルウェー	25	0	0
スイス	7.7	2.5	2.5

※　＝新聞の税率が標準税率の国

新聞協会調べ（2021年6月現在）。新聞の税率は日刊紙の定期購読の場合
欧州連合（EU）加盟国はEUのウェブサイト、その他の国は各国大使館への問い合わせや政府税務当局サイトを参照
電子版税率は各国政府・新聞協会への問い合わせで確認

欧州連合（EU）は2018年12月、加盟国が新聞・雑誌・書籍の電子版に軽減税率を適用することを認める改正付加価値税指令を施行しました。紙媒体に軽減税率を適用する一方、電子版には標準税率を課す不平等を解消する措置です。

指令改正を受け、加盟国では国内法の改正作業が進められています。

ノルウェーやスイスなどEU非加盟国でも同様の措置がとられています。

インターネットの利用状況とメディア環境の変化

▶年齢階層別インターネット利用状況（単位％）

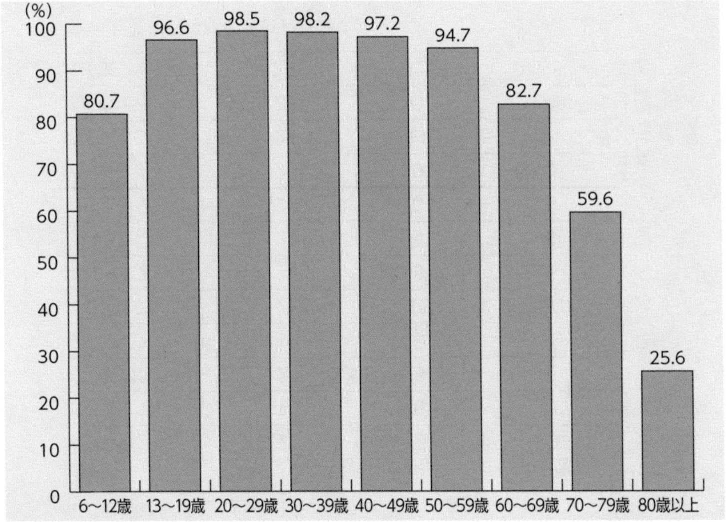

(%)
100
90
80
70
60
50
40
30
20
10
0
80.7
96.6
98.5
98.2
97.2
94.7
82.7
59.6
25.6
6～12歳
13～19歳
20～29歳
30～39歳
40～49歳
50～59歳
60～69歳
70～79歳
80歳以上

n=41,387

▶主な情報通信機器の保有率の推移（世帯）

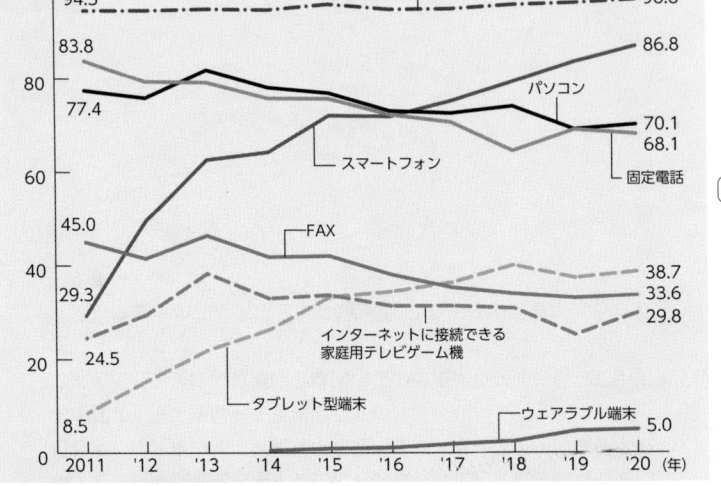

(%)
100
80
60
40
20
0
モバイル端末全体
94.5
96.8
83.8
86.8
パソコン
77.4
70.1
68.1
スマートフォン
固定電話
45.0
FAX
38.7
29.3
33.6
29.8
インターネットに接続できる
家庭用テレビゲーム機
24.5
タブレット型端末
ウェアラブル端末
8.5
5.0
2011
'12
'13
'14
'15
'16
'17
'18
'19
'20
(年)

「モバイル端末全体」には、携帯電話・PHSに加え、2012年までは携帯情報端末（PDA）、11年以降はスマートフォンを含む

放送産業の売上高と事業者数

▶放送産業の市場規模（売上高集計）の推移と内訳

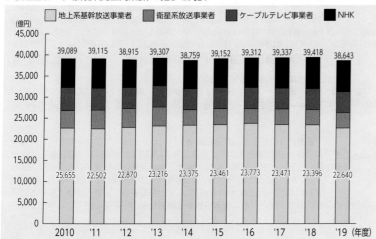

地上系基幹放送事業者　衛星系放送事業者　ケーブルテレビ事業者　NHK

（億円）

年度	合計	地上系基幹放送事業者
2010	39,089	25,655
'11	39,115	22,502
'12	38,915	22,870
'13	39,307	23,216
'14	38,759	23,375
'15	39,152	23,461
'16	39,312	23,773
'17	39,337	23,471
'18	39,418	23,396
'19	38,643	22,640

衛星系放送事業者は、衛星放送事業にかかわる営業収益を対象に集計
ケーブルテレビ事業者は、IPマルチキャスト方式による事業者等を除く
NHKの値は経常事業収入

総務省「令和3年版情報通信白書」をもとに作成

▶民間放送事業者数（2020年度末）

地上系	テレビジョン放送（単営）		95
	ラジオ放送（単営）	中波（AM）放送	15
		超短波（FM）放送	384
		うちコミュニティ放送	334
		短波	1
	テレビジョン放送・ラジオ放送（兼営）		32
	文字放送（単営）		0
	マルチメディア放送		2
	小　計		529
衛星系	衛星基幹放送	BS放送	20
		東経110度CS放送	20
	衛星一般放送		4
	小　計		39
ケーブルテレビ	登録に係る有線一般放送（自主放送を行う者に限る）		471
	うちIPマルチキャスト放送		5
	小　計		471

衛星系は「BS放送」「東経110度CS放送」「衛星一般放送」の二つ以上を兼営している場合があるため、それぞれの欄の合計と小計欄の数値とは一致しない
ケーブルテレビの事業者数は2019年度末

総務省「令和3年版情報通信白書」をもとに作成

48

日本新聞協会の組織と活動

日本新聞協会は、自由で責任のある新聞を維持し発展させ、社会に奉仕するという目的のもとに集まった新聞、通信、放送各社によって、1946年7月に創立されました。

2022年4月1日現在の会員数は124（新聞98、通信4、放送22）です。

総会、理事会などの最高意思決定機関と編集・販売・広告・経営・技術などの各部門ごとに委員会・専門部会が常時40以上設けられています。また事務局が事務処理と調査・研究に当たっているほか、ニュースパーク（日本新聞博物館）を運営しています。

▶ 新聞倫理の向上

新聞倫理綱領・新聞販売綱領・新聞広告倫理綱領の実践

▶ 新聞週間・ＰＲ

「新聞週間」（10月15日〜21日）「春の新聞週間」（4月6日〜12日）の実施、新聞大会の開催、新聞PRイベントの実施、新聞文化賞・新聞協会賞・新聞技術賞・新聞経営賞などの表彰、「新聞配達の日」「新聞少年の日」「新聞広告の日」関連行事の開催、新聞週間標語の募集

▶ 調査・研究

読者調査・各種調査（経営・労務・業務・製作技術・販売・広告・デジタルメディアなど）の実施

▶ 講座・セミナー・交流

各種講座・セミナー（編集・販売・広告・製作・経営・労務・経理などを対象）、国際交流

▶ 出版・広報活動

出版活動（新聞協会報＝第2・4火曜日刊、新聞研究＝年10回刊、新聞技術＝年3回刊など）、ウェブサイト「プレスネット」など

▶ ＮＩＥ（教育に新聞を）

NIE実践指定校の認定と新聞提供、全国大会やNIE月間の実施、各種調査など

▶ ニュースパーク

ニュースパークの企画・運営・管理

▶ニュースパーク（日本新聞博物館）について

歴史と現代の両面から情報と新聞について学ぶ博物館。新聞の歴史を体系的に解説するほか、各種企画展を開催。体験型展示で情報社会の実相と情報とのつきあい方を考えながら、新聞・ジャーナリズムの役割を学べます。タブレット端末を使った取材体験ゲームやパソコンで新聞の製作体験もできます。

ニュースパーク
日本新聞博物館

〒231-8311
横浜市中区日本大通11
横浜情報文化センター
https://newspark.jp/
☎045-661-2040

新聞倫理綱領

2000（平成12）年6月21日制定

　21世紀を迎え、日本新聞協会の加盟社はあらためて新聞の使命を認識し、豊かで平和な未来のために力を尽くすことを誓い、新しい倫理綱領を定める。

　国民の「知る権利」は民主主義社会をささえる普遍の原理である。この権利は、言論・表現の自由のもと、高い倫理意識を備え、あらゆる権力から独立したメディアが存在して初めて保障される。新聞はそれにもっともふさわしい担い手であり続けたい。

　おびただしい量の情報が飛びかう社会では、なにが真実か、どれを選ぶべきか、的確で迅速な判断が強く求められている。新聞の責務は、正確で公正な記事と責任ある論評によってこうした要望にこたえ、公共的、文化的使命を果たすことである。

　編集、制作、広告、販売などすべての新聞人は、その責務をまっとうするため、また読者との信頼関係をゆるぎないものにするため、言論・表現の自由を守り抜くと同時に、自らを厳しく律し、品格を重んじなければならない。

自由と責任

表現の自由は人間の基本的権利であり、新聞は報道・論評の完全な自由を有する。それだけに行使にあたっては重い責任を自覚し、公共の利益を害することのないよう、十分に配慮しなければならない。

正確と公正

新聞は歴史の記録者であり、記者の任務は真実の追究である。報道は正確かつ公正でなければならず、記者個人の立場や信条に左右されてはならない。論評は世におもねらず、所信を貫くべきである。

独立と寛容

新聞は公正な言論のために独立を確保する。あらゆる勢力からの干渉を排するとともに、利用されないよう自戒しなければならない。他方、新聞は、自らと異なる意見であっても、正確・公正で責任ある言論には、すすんで紙面を提供する。

人権の尊重

新聞は人間の尊厳に最高の敬意を払い、個人の名誉を重んじプライバシーに配慮する。報道を誤ったときはすみやかに訂正し、正当な理由もなく相手の名誉を傷つけたと判断したときは、反論の機会を提供するなど、適切な措置を講じる。

品格と節度

公共的、文化的使命を果たすべき新聞は、いつでも、どこでも、だれもが、等しく読めるものでなければならない。記事、広告とも表現には品格を保つことが必要である。また、販売にあたっては節度と良識をもって人びとと接すべきである。

　新聞倫理綱領は1946（昭和21）年7月23日、日本新聞協会の創立に当たって制定されたものです。社会・メディアをめぐる環境が激変するなか、旧綱領の基本精神を継承し、21世紀にふさわしい規範として、2000年に現在の新聞倫理綱領が制定されました。

新聞販売綱領

2001 (平成13)年6月20日制定

日本新聞協会の加盟社は、「新聞倫理綱領」の掲げる理念を販売の分野においても深く認識し、その実践を誓って、新しい「新聞販売綱領」を定める。

販売人の責務
新聞が国民の「知る権利」にこたえ、公共的・文化的な使命を果たすためには、広く人々に読まれることが不可欠である。新聞販売に携わるすべての人々は、それぞれの仕事を通じ、民主主義社会の発展に貢献する責務を担う。

戸別配達の堅持
新聞は読者のもとに届けられてはじめて、その役割を果たすことができる。新聞がいつでも、どこでも、だれもが、等しく読めるものであるために、われわれは戸別配達を堅持し、常に迅速・確実な配達を行う。

ルールの順守
新聞販売に携わるすべての人々は、言論・表現の自由を守るために、それぞれの経営の独立に寄与する責任を負っている。販売活動においては、自らを厳しく律し、ルールを順守して節度と良識ある競争のなかで、読者の信頼と理解を得るよう努める。

読者とともに
新聞は読者の信頼があってこそ、その使命をまっとうできる。販売に携わるすべての人々は、読者の期待にこたえつつ、環境への配慮や地域貢献など、新しい時代にふさわしい自己変革への努力を続ける。

新聞広告倫理綱領

1958(昭和33)年10月7日制定
1976(昭和51)年5月19日改正

制定の趣旨

　　言論・表現の自由を守り、広告の信用をたかめるために広告に関する規制は、法規制や行政介入をさけ広告関係者の協力、合意にもとづき自主的に行うことが望ましい。

　　本来、広告内容に関する責任はいっさい広告主（署名者）にある。しかし、その掲載にあたって、新聞社は新聞広告の及ぼす社会的影響を考え、不当な広告を排除し、読者の利益を守り、新聞広告の信用を維持、高揚するための原則を持つ必要がある。

　　ここに、日本新聞協会は会員新聞社の合意にもとづいて「新聞広告倫理綱領」を定め、広告掲載にあたっての基本原則を宣言し、その姿勢を明らかにした。もとより本綱領は会員新聞社の広告掲載における判断を拘束したり、法的規制力をもつものではない。

　　日本新聞協会の会員新聞社は新聞広告の社会的使命を認識して、常に倫理の向上に努め、読者の信頼にこたえなければならない。

1. 新聞広告は、真実を伝えるものでなければならない。
1. 新聞広告は、紙面の品位を損なうものであってはならない。
1. 新聞広告は、関係諸法規に違反するものであってはならない。

日本新聞協会の会員社一覧

（2022年4月1日現在、会員名簿順）

社　名	電話番号
▶東京地方	
朝日新聞東京本社	03(3545)0131
毎日新聞東京本社	03(3212)0321
読売新聞東京本社	03(3242)1111
日本経済新聞社	03(3270)0251
東京新聞	03(6910)2211
産経新聞東京本社	03(3231)7111
サンケイスポーツ	03(3231)7111
夕刊フジ	03(3231)7111
ジャパンタイムズ	050(3646)0123
報知新聞社	03(5479)1111
日刊工業新聞社	03(5644)7000
日刊スポーツ新聞社	03(5550)8888
スポーツニッポン新聞社	03(3820)0700
東京スポーツ新聞社	03(3820)0801

社　名	電話番号
水産経済新聞社	03(5544)9831
東京ニュース通信社	03(6367)8000
日本農業新聞	03(6281)5801
共同通信社	03(6252)8000
時事通信社	03(6800)1111
エヌピー通信社	03(6263)2093
日本放送協会	03(3465)1111
ＴＢＳテレビ	03(3746)1111
文化放送	03(5403)1111
ニッポン放送	03(3287)1111
日本テレビ放送網	03(6215)1111
フジテレビジョン	03(5500)8888
テレビ朝日	03(6406)1111
テレビ東京	03(6632)7777
エフエム東京	03(3221)0080

社　名	電話番号
WOWOW	03(4330)8111
日本ＢＳ放送	03(3518)1800
▶大阪地方	
朝日新聞大阪本社	06(6231)0131
毎日新聞大阪本社	06(6345)1551
読売新聞大阪本社	06(6361)1111
日本経済新聞大阪本社	06(7639)7111
産経新聞大阪本社	06(6633)1221
日刊スポーツ新聞西日本	06(6229)7005
朝日放送	06(6458)5321
毎日放送	06(6359)1123
関西テレビ放送	06(6314)8888
読売テレビ放送	06(6947)2111
テレビ大阪	06(6947)7777

社　　名	電話番号	社　　名	電話番号	社　　名	電話番号
▶北海道地方		北羽新報社	0185(54)3150	南信州新聞社	0265(22)3734
北海道新聞社	011(221)2111	山形新聞社	023(622)5271	市民タイムス	0263(47)7777
室蘭民報社	0143(22)5121	荘内日報社	0235(22)1480	中日新聞社	052(201)8811
十勝毎日新聞社	0155(22)2121	福島民報社	024(531)4111	中部経済新聞社	052(561)5215
釧路新聞社	0154(22)1111	福島民友新聞社	024(523)1191	東愛知新聞社	0532(32)3111
苫小牧民報社	0144(32)5311	▶関東地方		岐阜新聞社	058(264)1151
函館新聞社	0138(40)7171	茨城新聞社	029(239)3001	ＣＢＣテレビ	052(241)8111
北海道日刊スポーツ新聞社	011(242)3900	下野新聞社	028(625)1111	東海テレビ放送	052(951)2511
道新スポーツ	011(241)1230	上毛新聞社	027(254)9911	名古屋テレビ放送	052(331)8111
▶東北地方		埼玉新聞社	048(795)9930	テレビ愛知	052(203)0250
東奥日報社	017(739)1500	神奈川新聞社	045(227)1111	中京テレビ放送	052(582)4411
陸奥新報社	0172(34)3111	千葉日報社	043(222)9211	▶北陸地方	
デーリー東北新聞社	0178(44)5111	▶中部地方		新潟日報社	025(385)7111
岩手日報社	019(653)4111	山梨日日新聞社	055(231)3000	北日本新聞社	076(445)3300
岩手日日新聞社	0191(26)5114	静岡新聞社	054(284)8900	北國新聞社	076(263)2111
河北新報社	022(211)1111	信濃毎日新聞社	026(236)3000	中日新聞北陸本社	076(261)3111
秋田魁新報社	018(888)1800	長野日報社	0266(52)2000	福井新聞社	0776(57)5111

社　名	電話番号
日刊県民福井	0776(28)8611
▶近畿地方	
伊勢新聞社	059(224)0003
夕刊三重新聞社	0598(21)6113
京都新聞社	075(241)5430
神戸新聞社	078(362)7100
奈良新聞社	0742(32)1000
紀伊民報社	0739(22)7171
▶中国地方	
山陽新聞社	086(803)8008
中国新聞社	082(236)2111
新日本海新聞社	0857(21)2888
山陰中央新報社	0852(32)3440
島根日日新聞社	0853(23)6760
山口新聞社	083(266)3211

社　名	電話番号
▶四国地方	
徳島新聞社	088(655)7373
四国新聞社	087(833)1111
愛媛新聞社	089(935)2111
高知新聞社	088(822)2111
▶九州地方	
西日本新聞社	092(711)5555
朝日新聞西部本社	093(563)1131
毎日新聞西部本社	093(541)3131
読売新聞西部本社	092(715)4311
佐賀新聞社	0952(28)2111
長崎新聞社	095(844)2111
熊本日日新聞社	096(361)3111
大分合同新聞社	097(536)2121
宮崎日日新聞社	0985(26)9315

社　名	電話番号
南日本新聞社	099(813)5001
南海日日新聞社	0997(53)2121
沖縄タイムス社	098(860)3000
琉球新報社	098(865)5111
八重山毎日新聞	0980(82)2121
宮古毎日新聞社	0980(72)2343

会員総数　１２４

▶日本新聞協会のデータ

経営業務部 業務担当 ☎ 03-3591-4405
「日刊紙の都道府県別発行部数と普及度」
「全国新聞販売所従業員総数調査」

経営業務部 経営担当 ☎ 03-3591-3460
「新聞社総売上高推計調査」
「新聞事業の経営動向」
「新聞・通信社の従業員数・労務構成調査」
「新聞用紙の生産と消費」
「国内で生産される新聞用紙の種類」
「日本と欧州における新聞の付加価値税率」

編集制作部 技術・通信担当 ☎ 03-3591-6806
「新聞社の主要製作設備一覧2021」
「新聞・通信社間の災害・障害発生時援助協定（2社間）」

編集制作部 デジタルメディア担当
☎ 03-3591-3461
「デジタルメディアを活用した新聞・通信社の情報サービス現況調査」

出版広報部 出版広報担当 ☎03-3591-6148
「日本メディアの海外特派員」

企画開発部 企画開発担当 ☎ 03-3591-4637
「新聞界の第3次自行動計画の推進」

新聞教育文化部 ＮＩＥ担当 ☎ 03-3591-4410
「ＮＩＥの学習効果を調べるアンケート」
ＮＩＥウェブサイト
https://nie.jp/

広告部 広告担当 ☎ 03-3591-4407
「2021年『新聞オーディエンス調査』」
新聞広告データアーカイブ
https://www.pressnet.or.jp/adarc/

▶政府統計データ

総務省「住民基本台帳」「令和2年通信利用動向調査」「令和3年版情報通信白書」
内閣府「国民経済計算」
文部科学省「令和3年度全国学力・学習状況調査」

▶その他のデータ

世界ニュース発行者協会（WAN－IFRA）「世界主要国・地域の有料日刊紙の発行部数」
電通「2021年 日本の広告費」「電通広告統計」
フォーリン・プレスセンター「日本で活動する海外メディア」
国立教育政策研究所「ＯＥＣＤ生徒の学習到達度調査（ＰＩＳＡ）2018年調査国際結果報告書」
新聞通信調査会「第14回メディアに関する全国世論調査」
新聞公正取引協議委員会「新聞の戸別配達のニーズ」
古紙再生促進センター「古紙回収率と回収量」

データブック 日本の新聞 2022

2022年4月1日発行
編集・発行　一般社団法人日本新聞協会
The Japan Newspaper Publishers & Editors Association
〒100-8543　東京都千代田区内幸町2-2-1　日本プレスセンタービル７階
ホームページ　https://www.pressnet.or.jp/
TEL 03-3591-6148　FAX 03-3591-6149
e-mail:shuppan@pressnet.or.jp

定価　550円（本体500円＋税）
購入に関する問い合わせ　TEL 03-3591-3469

データブック
日本の新聞2022

一般社団法人 日本新聞協会

ISBN978-4-88929-089-9
C0000 ¥500E

定価 550円（本体 500円＋税）